5,40

Georg Popp
Gott läßt sich finden

Georg Popp

Gott läßt sich finden

Die Gotteserfahrung des Mose und seiner Vorfahren

Rex-Verlag Luzern/Stuttgart
Quell Verlag Stuttgart

CIP-Kurztitelaufnahme der Deutschen Bibliothek

Popp, Georg:
Gott läßt sich finden: Die Gotteserfahrung des Mose/
Georg Popp. – Luzern; Stuttgart: Rex-Verlag; Stuttgart:
Quell-Verlag, 1984.
ISBN 3-7252-0442-X (Rex-Verl.)
ISBN 3-7918-2033-8 (Quell Verl.)

Umschlaggestaltung: Martin Vollmeier, Kriens
Gesamtherstellung: Richterdruck, Würzburg
ISBN 3-7252-0442-X (Rex-Verlag)
ISBN 3-7918-2033-8 (Quell Verlag)

Die Bibelzitate sind mit freundlicher Genehmigung
der Deutschen Bibelgesellschaft Stuttgart der
Übersetzung „Die Gute Nachricht“ entnommen.

Für Hanne und Walter

Inhalt

Bücher für unser Leben

Die Bücher des Mose – auch „Thorá“ (das Gesetz) oder „Pentateuch“ (das Fünfrollenbuch) genannt – sind seit dreitausend Jahren die wichtigsten Bücher der Juden, aus denen sie am Sabbat und an den Hochfesten in ihren Gottesdiensten vorlesen.
Sie waren auch die Bücher Jesu, aus denen er immer wieder zitierte und lehrte.
Sie sind heute noch die wichtigsten Bücher des Alten Testaments, aus denen wir Nachricht haben von Gottes Güte, Gottes Liebe, aber auch von Gottes Strenge.

Ein ferner Gott?

Wir sagen heute oft, Gott läßt sich nicht finden. Wir könnten Gottes Willen für unser Leben nicht erkennen.
Gott sei in ein großes Dunkel gehüllt ...
In weiter Ferne ...
Sein Handeln sei für uns unverständlich ...

Ob das nicht an uns liegt, wenn Gott so fern ist? Wenn wir Gott nicht erkennen können und sein Handeln uns unklar erscheint? Gott selbst hat sich den Menschen immer wieder geoffenbart und seinen Willen gezeigt:

Gott spricht mit den ersten Menschen und segnet sie.
Gott spricht mit Noah, als die Menschen „sich nicht mehr kümmerten um das, was recht ist; ihr Denken und Handeln war durch und durch böse“ (Gen 6,5).
Gott spricht mit Abraham: „Ich will dir viele Nachkommen schenken und dich zum Vater eines mächtigen Volkes machen. So wirst du in aller Welt berühmt; an dir wird sichtbar werden, was es bedeutet, wenn ich jemand segne“ (Gen 12,2).

Gott gibt sich zu erkennen

Wir müssen nur die Bibel aufschlagen und wir können Gott unmittelbar finden und zu uns sprechen hören.

Die Geschichte des Volkes Israel ist ja nicht der Geschichtsbericht irgendeines Volkes, das irgendwann einmal gelebt hat. Am Beispiel Israels hat Gott aufgezeigt, wie er an seinem Volk handelt; am Volk Gottes, zu dem auch wir durch Christi Erlösung gehören dürfen.
In der Geschichte des Volkes Israel können wir unser eigenes Leben erfahren!

Gott spricht zu uns, weil *Gott uns nahe sein* will. Dem Mose antwortet Gott aus dem brennenden Dornbusch heraus:
„Ich bin der Ich-bin-da . . . ‚Herr' (Ich-bin-da) ist mein Name für alle Zeiten" (Ex 3,14 f).

Es ist faszinierend, wie Gott sich immer wieder neu denen zu erkennen gibt, die ihn suchen und die ihm gehorsam sein wollen. Denn das ist seine wichtigste Forderung, klar und deutlich:

Ich bin der Herr, dein Gott

„Ich bin der Herr, dein Gott! Ich habe dich aus der Sklaverei in Ägypten befreit. Neben mir gibt es für dich keine anderen Götter" (Ex 20,2 f).
„Wirf dich nicht vor fremden Göttern nieder und diene ihnen nicht. Denn ich, der Herr, dein Gott, *verlange von dir ungeteilte Liebe"* (Ex 20,5).

Gott will der Herr auch unseres Lebens sein. Weil *Er* der Schöpfer ist, der alles geschaffen hat.
Weil *Er* allein weiß, welchen Sinn und welche Aufgabe seine Schöpfung hat. Welchen Auftrag er uns persönlich zugedacht hat.

„Ich, nur ich bin der Herr, ich ganz allein bin Gott, sonst keiner!" (Dtn 32,39). Immer wieder beansprucht Gott vom Menschen, seiner Schöpfung, *ungeteilte Liebe und Zuwendung.*

Die Verheißungen Gottes

Um seinen Forderungen Nachdruck zu verleihen, verbindet er sie stets mit einer wichtigen Verheißung.

Sie müssen einmal in diesem Buch nachlesen, welches große Interesse Gott an den Menschen hat! Wie er sie *belohnen* und *beschützen, segnen* und *führen* will, *wenn sie ihm gehorsam sind:*
„Wenn mich aber jemand liebt und *meine Gebote befolgt,* dann werde ich ihm und seinen Nachkommen *Liebe und Treue erweisen* über Tausende von Generationen hin" (Ex 20,6).

Immer wieder verheißt Gott seinen Segen und seine Hilfe:
„Ich werde dich *beschützen* und *belohnen"* (Gen 15,1).
„Ehrt mich allein, den Herrn, euren Gott, dann werde ich dafür sorgen, daß es in eurem Land genug zu essen gibt und ihr reichlich Wasser habt. Ich werde auch alle Krankheiten von euch fernhalten" (Ex 23,25).
„Wenn ihr dem Herrn, eurem Gott, treu bleibt und auf seine Gebote hört und sie befolgt, wird auch er treu sein und zu den Zusagen stehen, die er euren Vorfahren gegeben hat. Er wird euch seine *Liebe und Güte erweisen* und *seinen Segen über euch ausschütten"* (Dtn 7,12 f).

Der Fluch des Ungehorsams

Ähnlich beeindruckend sind die Ankündigungen Gottes über seine Strafen, die er denen schickt, die ihm ungehorsam sind:
„Wenn ihr mir aber nicht gehorcht und meine Weisungen nicht befolgt, wenn ihr meine Gebote mißachtet und euch um meine Rechtsordnungen nicht kümmert und damit den Bund, den ich mit euch geschlossen habe, brecht, dann werde ich lauter Unglück über euch hereinbrechen lassen. Ich werde euch unheilbare Krankheiten schicken, die euch erblinden und langsam dahinsiechen lassen. Vergeblich werdet ihr aussäen, denn eure Feinde werden die Ernte einbringen. Ich selbst werde zu eurem Feind und lasse eure Feinde über euch siegen; ihr werdet fliehen, obwohl euch niemand verfolgt" (Lev 26,14–17).
„Wenn ihr aber nicht auf den Herrn, euren Gott, hört und seine Gebote und Weisungen, die ich euch verkünde, nicht befolgt, wird nicht sein Segen, sondern sein Fluch über euch kommen. Mißgeschick wird euch verfolgen in der Stadt und

auf dem Feld, Korb und Backtrog werden leer bleiben, eure Kinder werden dahinsterben und die Äcker Mißernten bringen, eure Rinder, Schafe und Ziegen werden sich nicht vermehren" (Dtn 28,15–18).

Gott ist nicht nur der liebende, uns beschützen wollende Gott. Er ist auch der strafende, verfolgende Gott, wenn wir uns von ihm absondern; wenn wir nicht mehr auf ihn hören, sondern lieber unserem Egoismus folgen.
Gott läßt nicht mit sich spielen und nicht mit sich spotten: „Wie lange will mich dieses Volk noch verhöhnen? Wie lange weigern sie sich noch, mir zu vertrauen? Habe ich ihnen nicht genug Beweise meiner Macht und Fürsorge gegeben? Ich will sie an der Pest sterben lassen, ich will das ganze Volk ausrotten" (Num 14,11 f).

Ein faszinierendes Gottesbild

So erschließt sich uns in diesem Buch, das die wichtigsten Aussagen der fünf Bücher des Mose nach Stichworten zusammengefaßt hat, ein faszinierendes Gottesbild:

Gott ist ein lebendiger Gott.
Ein Gott, der mich ein Leben lang begleiten und beschützen will.
Ein Gott, der mir Kraft für den Alltag und Befreiung aus meinen Ängsten und Nöten schenken will.
Ein Gott, der mir klare Anweisungen und Richtlinien für mein Leben aufzeigt.

Gott ist ein treuer Gott, ein zuverlässiger Gott, auf den ich mich jederzeit verlassen kann. Ein Gott, der zu seinen Zusagen steht und der seine Verheißungen in Erfüllung gehen läßt.

Gott ist ein starker, ein mächtiger, ein herrlicher Gott.

Die fünf Bücher des Mose

Ursprünglich hatte man Mose allein als ihren Verfasser angenommen. Man glaubt aber heute, daß es neben Mose weitere biblische Autoren gab, die die Grundlage für die fünf Bücher des Mose geschaffen haben.

Wurden die Berichte von der Erschaffung der Welt und von Abraham und seinen Nachkommen zuerst in mündlicher Form überliefert, indem sie von Generation zu Generation weiter erzählt wurden, so erkennt man um 1000/900 v. Chr. eine erste Niederschrift, die von einem großen Theologen und Geschichtskenner verfaßt worden sein mußte. Sie wird die *jahwistische* genannt oder auch nur mit J bezeichnet, weil der Verfasser den Gottesnamen *Jahwe* gebrauchte.
Elohim nennt eine andere Niederschrift Gott, die um 720 v. Chr. entstanden ist (E).
Als dritte Niederschrift ist die *Priesterschrift* (P) im babylonischen Exil um 550 v. Chr. entstanden, bis um 400 v. Chr. eine endgültige redaktionelle Zusammenfassung der ersten vier Bücher Mose erfolgte durch einen Redakteur (R), der die zuerst genannten drei Niederschriften (J, E und P) zu einem großen Werk vereinte.

Die heutige Bezeichnung der einzelnen fünf Bücher gibt gleichzeitig deren Inhalt an: *„Genesis“* (Gen) schildert die „Entstehung“ der Erde und des Menschen, *„Exodus“* (Ex) den „Auszug“ der Israeliten aus Ägypten. *„Levitikus“* (Lev) berichtet von den Diensten der „Priester“ (Leviten) und *„Numeri“* (Num) von den großen „Volkszählungen“.
Das fünfte Buch Mose *„Deuteronomium“* (Dtn) heißt wörtlich „Zweites Gesetz“ (zweite Niederschrift). Es wurde erst später geschrieben und faßte noch einmal alles zusammen, was die Israeliten unter Mose erlebt hatten.

Der Führer des Volkes

Mose – „der aus dem Wasser gezogene“ – lebte um 1240 v. Chr. Er war vom Herrn auserwählt, das Volk Israel aus der Knechtschaft Ägyptens zu befreien und in ein „fruchtbares und großes Land“ zu führen, wo Gott ihm ein *Leben in Fülle und in Freiheit* schenken will, „ein Land, in dem Milch und Honig fließen“ (Ex 3,8).

Von Geburt an hatte Gott den Weg für Mose bereitet: Aus Angst vor den Israeliten hatte der Pharao angeordnet, daß alle Hebräer-Jungen in den Nil geworfen werden sollten. Mose, versteckt in einem Binsenkorb im Schilf am Ufer des Nils (Ex 2,2 ff), wurde von der Tochter des Pharao gefunden und adoptiert. So erhielt er am königlichen Hof die Erziehung, die ihm später die Befähigung zum Führer des Volkes ermöglichen sollte. Mose war aber nicht nur der Führer und Befreier des Volkes, er war auch der demütige Knecht und treue Freund Gottes.

Der demütige Knecht

Köstlich liest sich in der Berufungsgeschichte (Ex 2), wie Mose immer wieder den Auftag Gottes abwehren, von sich wegschieben will:
„Ich? Wer bin ich denn!“ (3,11).
„Und was ist, wenn die Israeliten nicht auf mich hören?“ (4,1).

Doch Gott bestärkt den Mose: „Ich werde dir beistehen“ (3,12). „Ich bin da“ (3,14) und „ich werde euch aus diesem Land herausführen“ (3,17).

Und als Mose immer noch zaudert und zögert – „Herr, nimm es mir nicht übel, aber ich habe noch nie gut reden können“ (4,10) – und schließlich sogar bittet „schicke doch einen anderen“ (4,13), da wurde der Herr unwillig (4,14) und gibt ihm einen klaren Auftrag und sein Versprechen, ihm zu helfen:
„Genug jetzt, geh! Ich werde dir helfen und dir sagen, was du reden sollst“ (4,12).

Mit offenem Herzen

gelesen, vermitteln uns die Bücher des Mose nicht nur ein überwältigendes Gottesbild. Sie können auch unser Leben entscheidend beeinflussen.
Seit ich die Bücher des Mose gelesen habe, ist meine Beziehung zu Gott und mein Leben im Alltag verändert worden.

Georg Popp

Gott läßt sich finden

Gott wird sich von euch finden lassen, wenn ihr euch ihm mit ganzem Herzen und mit allen Kräften zuwendet. (Dtn 4,29)

Gott hatte Freude daran

Am Anfang schuf Gott Himmel und Erde, die ganze Welt. Auf der Erde war es noch wüst und unheimlich; es war finster, und Wasserfluten bedeckten alles. Über dem Wasser schwebte der Geist Gottes. (Gen 1,1 f)

Da befahl Gott: „Licht soll aufstrahlen!", und es wurde hell. Gott hatte Freude an dem Licht; denn es war gut. Er trennte das Licht von der Dunkelheit und nannte das Licht Tag, die Dunkelheit Nacht. Es wurde Abend und wieder Morgen: der erste Tag. (Gen 1,3 ff)

Dann befahl Gott: „Im Wasser soll ein Gewölbe entstehen, das die Wassermassen trennt!" So geschah es: Gott machte ein Gewölbe und trennte das Wasser über dem Gewölbe von dem Wasser, das die Erde bedeckte. Das Gewölbe nannte er Himmel. Es wurde Abend und wieder Morgen: der zweite Tag. (Gen 1,6 ff)

Dann befahl Gott: „Das Wasser auf der Erde soll sich sammeln, damit das Land sichtbar wird." So geschah es, und Gott hatte Freude daran; denn es war gut. Er nannte das Land Erde, das Wasser nannte er Meer. (Gen 1,9 f)

Dann befahl Gott: „Die Erde soll grün werden, alle Arten von Pflanzen und Bäumen sollen darauf wachsen und Samen und Früchte tragen!" Da brachte die Erde alle Arten von Pflanzen hervor, bis hin zu den großen Bäumen. Gott hatte Freude daran; denn es war gut. Es wurde Abend und wieder Morgen: der dritte Tag. (Gen 1,11 ff)

Dann befahl Gott: „Am Himmel sollen Lichter entstehen, die Tag und Nacht voneinander trennen und nach denen man

Tage, Jahre und Festzeiten bestimmen kann! Sie sollen am Himmel leuchten und der Erde Licht geben.“ Er machte zwei große Lichter, die Sonne für den Tag und den Mond für die Nacht, dazu auch alle Sterne. Er setzte sie an das Himmelsgewölbe, damit sie der Erde Licht geben, über Tag und Nacht herrschen und Licht und Finsternis trennen. Gott hatte Freude daran; denn es war gut. Es wurde Abend und wieder Morgen: der vierte Tag. (Gen 1,14-19)

Dann befahl Gott: „Im Wasser soll sich Leben regen, und in der Luft sollen Vögel fliegen!“ Er schuf die großen Seeungeheuer, alle Arten von Wassertieren und die Vögel. Er hatte Freude daran; denn es war gut. Er segnete seine Geschöpfe und sagte: „Vermehrt euch und füllt die Meere! Und ihr Vögel, vermehrt euch auf der Erde!“ Es wurde Abend und wieder Morgen: der fünfte Tag. (Gen 1,20-23)

Dann befahl Gott: „Die Erde soll Leben hervorbringen: Vieh, wilde Tiere und alles, was auf dem Boden kriecht!“ Und er machte alle Arten von Tieren. Er hatte Freude daran; denn es war gut. (Gen 1,24 f)

Es war auch noch niemand da, der das Land bebauen konnte. Nur aus der Erde stieg Wasser auf und tränkte den Boden. Da nahm Gott Erde, formte daraus den Menschen und blies ihm den Lebenshauch in die Nase. So wurde der Mensch lebendig. (Gen 2,5 ff)

Dann sagte Gott: „Nun wollen wir den Menschen machen, ein Wesen, das uns ähnlich ist! Er soll Macht haben über die Fische im Meer, über die Vögel in der Luft und über alle Tiere auf der Erde.“ Gott schuf den Menschen nach seinem Bild, er schuf Mann und Frau. (Gen 1,26 f)

Gott hat den Menschen als sein Ebenbild gemacht; als Mann und Frau hatte er die Menschen geschaffen, hatte sie gesegnet und ihnen den Namen „Mensch“ gegeben. (Gen 5,1 f)

Gott betrachtete alles, was er geschaffen hatte, und er hatte Freude daran: alles war sehr gut. Es wurde Abend und wieder Morgen: der sechste Tag. (Gen 1,31)

Gott ist der Schöpfer

So entstanden Himmel und Erde mit allem, was lebt. Am siebten Tag hatte Gott sein Schöpfungswerk vollendet und ruhte von seiner Arbeit aus. Deshalb segnete er den siebten Tag und erklärte: „Dieser Tag ist heilig, er gehört mir." (Gen 2,1 ff)

So entstanden Himmel und Erde; Gott hat sie geschaffen. (Gen 2,4)

Dem Herrn, eurem Gott, gehören alle Himmel und die ganze Erde mit allem, was darauf lebt. (Dtn 10,14)

Ist Gott es nicht, der euch geschaffen hat und wie ein Vater für euch sorgt? (Dtn 32,6)

Ich, der Herr, bin euer Gott

Dann sagte der Herr zu Mose: „Ich bin der Gott, den dein Vater verehrt hat, der Gott Abrahams, Isaaks und Jakobs." Da verhüllte Mose sein Gesicht, denn er fürchtete sich, Gott anzusehen. (Ex 3,6)

Mose sagte zu Gott: „Wenn ich nun zu den Israeliten komme und zu ihnen sage: ‚Der Gott eurer Vorfahren hat mich zu euch geschickt', und sie mich dann fragen: ‚Welchen Namen hat er?' – was soll ich ihnen sagen?"
Gott antwortete: „Ich bin der Ich-bin-da", und er fügte hinzu: „Sage den Israeliten: ‚Der Ich-bin-da hat mich zu euch geschickt: Der Herr! Er ist der Gott eurer Vorfahren Abraham, Isaak und Jakob.' Denn ‚Herr'(Ich-bin-da) ist mein Name für alle Zeiten. So sollen mich auch die kommenden Generationen nennen." (Ex 3,13 ff)

Ich bin der Herr, ich werde euch aus dem Sklavendienst in Ägypten befreien. Durch meine große Macht werde ich euch retten und eure Unterdrücker hart bestrafen. (Ex 6,6)

Wenn ich so meine Hand gegen die Ägypter erhebe und die Israeliten mitten aus ihrem Land wegführe, dann werden sie erkennen, wer ich bin, ich, der Herr. (Ex 7,5)

Sage zum Pharao: „Der Herr, der Gott der Hebräer, hat mich zu dir geschickt mit der Aufforderung: Laß mein Volk in die Wüste ziehen, damit es mir dort Opfer darbringen kann! Bis jetzt hast du nicht darauf gehört. Aber jetzt sollst du erkennen, daß du es mit dem Herrn zu tun hast. In seinem Auftrag werde ich mit diesem Stock in das Wasser des Nils schlagen, und es wird zu Blut werden. Alle Fische werden sterben, und der Fluß wird so sehr stinken, daß die Ägypter nicht mehr von seinem Wasser trinken können." (Ex 7,15-18)

Ich werde mitten unter den Israeliten wohnen und als ihr Gott bei ihnen sein. Dann werden sie erkennen, daß ich der Herr, ihr Gott, bin, der sie aus Ägypten herausgeführt hat, um in ihrer Mitte zu wohnen. Ich bin der Herr, ihr Gott. (Ex 29,45 f)

Ich werde mitten unter euch wohnen und werde mich nie mehr voll Abscheu von euch abwenden müssen. Ich werde bei euch bleiben und euer Gott sein, und ihr werdet mein Volk sein. (Lev 26,11 f)

Ich, der Herr, bin euer Gott. Ich habe euch aus Ägypten geführt, weil ich euer Gott sein wollte. Und ich bin es auch, ich, der Herr! (Num 15,41)

Das alles hat der Herr euch erleben lassen, damit ihr erkennt, daß er wahrhaftig Gott ist und es außer ihm keinen anderen Gott gibt. (Dtn 4,35)

Daran sollt ihr erkennen und es nie vergessen, daß der Herr allein Gott ist im Himmel und auf der Erde und es außer ihm keinen Gott gibt. (Dtn 4,39)

Erkenne doch: Ich, nur ich bin Herr, ich ganz allein bin Gott, sonst keiner! (Dtn 32,39)

Denn ich, der Herr, dein Gott, verlange von dir ungeteilte Liebe. (Dtn 5,9)

Dient nicht fremden Göttern

Ich bin der Herr, dein Gott! Ich habe dich aus der Sklaverei in Ägypten befreit. Neben mir gibt es für dich keine anderen Götter. Fertige dir kein Gottesbild an. Mach dir auch kein Abbild von irgend etwas im Himmel, auf der Erde oder im Meer. Wirf dich nicht vor fremden Göttern nieder und diene ihnen nicht. Denn ich, der Herr, dein Gott, verlange von dir ungeteilte Liebe. (Ex 20,1-5)

Ihr habt erlebt, wie ich vom Himmel her mit euch gesprochen habe. Darum sollt ihr keine anderen Götter neben mir haben. Macht euch keine silbernen und goldenen Götzenbilder. (Ex 20,22 f)

Betet nicht zu anderen Göttern, erwähnt nicht einmal ihre Namen. (Ex 23,13)

Ihr dürft keinen anderen Gott anbeten. Ich, der Herr, heiße der Anspruchsvolle, und ich beanspruche ungeteilte Liebe. (Ex 34,14)

Wendet euch nicht anderen Göttern zu und macht euch keine Götterbilder. Ich bin der Herr, euer Gott! (Lev 19,4)

Ich bin der Herr, euer Gott! Darum dürft ihr euch keine Götzenbilder anfertigen. Ihr dürft in eurem Land keine solchen Bilder aufstellen und anbeten, gleichgültig, ob es geschnitzte oder gegossene Standbilder oder Steinmale oder Steine mit eingeritzten Bildern sind. (Lev 26,1 f)

Ich bin der Herr, dein Gott! Ich habe dich aus der Sklaverei in Ägypten befreit. Neben mir gibt es für dich keine anderen Götter. (Dtn 5,6 f)

Fertige dir keine Götterbilder an, kein Abbild von irgend etwas im Himmel, auf der Erde oder im Meer. Wirf dich nicht vor ihnen nieder und bete sie nicht an. (Dtn 5,8 f)

Lauft nicht hinter den Göttern her, die die Völker rings um euch verehren. (Dtn 6,14)

Sonst könnten sie von ihnen dazu verleitet werden, sich vom Herrn abzuwenden und andere Götter zu verehren. Dann würde der Herr über euch zornig werden und euch in kürzester Zeit vernichten. (Dtn 7,4)

Ihr müßt damit rechnen, daß Propheten oder Leute, die sich auf Träume berufen, euch auffordern werden, fremde Götter zu verehren und ihnen zu dienen. Sie werden sich dadurch auszuweisen suchen, daß sie ein außerordentliches Ereignis ankündigen, das dann auch wirklich eintrifft. Hört trotzdem nicht auf sie! (Dtn 13,2 ff)

Ihr müßt damit rechnen, daß eure nächsten Verwandten und Freunde euch dazu verleiten wollen, andere Götter zu verehren. (Dtn 13,7)

Nehmt euch in acht und laßt euch nicht dazu verleiten, dem Herrn untreu zu werden. Verehrt nicht andere Götter, dient ihnen nicht; sonst wird der Herr zornig auf euch werden und es nicht mehr regnen lassen. Dann wächst nichts mehr auf den Feldern, und ihr müßt elend umkommen und verliert sehr schnell wieder das schöne Land, das der Herr euch geben wird. (Dtn 11,16 f)

Nehmt Gott ernst

Nehmt den Herrn, euren Gott, ernst und gehorcht ihm! (Dtn 6,13)

Folgt Gottes Befehl und bleibt auf dem Weg, den er euch weist. Nehmt seine Warnungen ernst! (Dtn 8,4 ff)

Nehmt den Herrn, euren Gott, ernst; ehrt und liebt ihn! Schwört nur bei seinem Namen! (Dtn 10,20)

Ihn, euren Gott, sollt ihr ehren und ihn ernst nehmen, auf ihn hören und seinen Weisungen gehorchen, ihm dienen und ihm treu sein. (Dtn 13,5)

Stellt seine Geduld nicht auf die Probe, wie ihr es bei Massa getan habt. (Dtn 6,16)

Werdet nicht übermütig, wenn es euch gutgeht, wenn ihr genug zu essen habt und in schönen Häusern wohnt, wenn eure Viehherden wachsen, euer Gold und Silber und all euer Besitz sich vermehrt. Vergeßt dann nicht den Herrn, euren Gott! (Dtn 8,12 ff)

Wenn es euch dann gutgeht und ihr euch satt essen könnt, dann gebt acht, daß ihr nicht den Herrn vergeßt, der euch aus Ägypten herausgeführt hat, wo ihr Sklaven gewesen seid! (Dtn 6,11 f)

Vergeßt das nicht, und laßt euch nicht einfallen, zu sagen: „Das alles haben wir uns selbst zu verdanken. Mit unserer Hände Arbeit haben wir uns diesen Wohlstand geschaffen." Seid euch vielmehr bewußt, daß der Herr, euer Gott, euch die Kraft gab, mit der ihr dies alles erreicht habt. (Dtn 8,17 f)

Vergeßt nicht den Herrn, euren Gott! Mißachtet nicht seine Weisungen, Gebote und Rechtsbestimmungen, die ich euch heute verkünde! (Dtn 8,11)

Vergeßt niemals den Herrn, euren Gott! Lauft nicht hinter anderen Göttern her, verehrt sie nicht, dient ihnen nicht! Ich warne euch heute: Wenn ihr das tut, werdet ihr zugrunde gehen. (Dtn 8,19)

Mißbraucht nicht den Namen des Herrn

Mißbrauche nicht den Namen des Herrn, deines Gottes, denn der Herr wird jeden bestrafen, der das tut. (Ex 20,7; Dtn 5,11)

Mißbraucht nicht meinen Namen, um etwas Unwahres zu beschwören; denn damit entweiht ihr ihn. Ich bin der Herr, euer Gott! (Lev 19,11 f)

Ehrt den Herrn und dient ihm

Damals fingen die Menschen an, den Herrn zu verehren und zu ihm zu beten. (Gen 4,26)

Ehrt mich allein, den Herrn, euren Gott, dann werde ich dafür sorgen, daß es in eurem Land genug zu essen gibt und ihr reichlich Wasser habt. Ich werde auch alle Krankheiten von euch fernhalten. Es wird dann in eurem Land keine Frau geben, die eine Fehlgeburt hat oder kinderlos bleibt. Niemand wird vor der Zeit aus dem Leben gerissen werden. (Ex 23,25 f)

Achtet also stets darauf, daß ihr den Herrn, euren Gott, ehrt, der so große Wunder tut und seinen Feinden Furcht und Schrecken einjagt. Befolgt sorgfältig alle seine Gebote, die in diesem Buch aufgeschrieben sind. Sonst wird der Herr euch und eure Nachkommen mit schrecklichen Krankheiten bestrafen, gegen die es kein Heilmittel gibt. (Dtn 28,58 f)

Um mir zu dienen, braucht ihr nur einen Altar aus aufgeschütteter Erde. Bringt mir darauf eure Brand- und Mahlopfer dar, eure Schafe, Ziegen und Rinder. Tut das an jedem Ort, den ich zum Heiligtum für mich bestimmen werde. Überall dort werde ich euch nahe sein und werde euch Glück und Segen schenken. (Ex 20,24)

Feiert die großen Feste zu Ehren des Herrn und versammelt euch dafür zum Gottesdienst. (Lev 23,4)

Dies sind die Feste des Herrn, an denen ihr zum Gottesdienst zusammenkommen und dem Herrn Opfer darbringen sollt. (Lev 23,37)

Auch bei freudigen Anlässen, wenn ihr Festtage oder den Monatsanfang begeht und mir dabei Brand- und Mahlopfer darbringt, sollt ihr die Trompeten blasen. Dann werde ich an euch denken, denn ich bin der Herr, euer Gott. (Num 10,10)

Wenn ihr dem Herrn, eurem Gott, nicht gern und voll Freude dient, aus Dank für den Wohlstand, den er euch schenkt, werdet ihr euren Feinden dienen müssen, die der Herr gegen euch aufbietet, und ihr werdet dabei Hunger und Durst leiden, nichts anzuziehen haben und alles entbehren, was man zum Leben braucht. (Dtn 28,47 f)

Liebt den Herrn, euren Gott

Der Herr ist unser Gott, der Herr und sonst keiner. Darum liebt ihn von ganzem Herzen, mit ganzem Willen und mit aller Kraft. (Dtn 6,4 f)

Wenn ihr wirklich die Weisungen des Herrn, die ich euch heute verkünde, befolgt, wenn ihr ihn, euren Gott, mit ganzem Herzen und mit allen Kräften liebt und ehrt, wird er euren Feldern zur rechten Zeit Regen schicken, im Herbst und im Frühjahr. Ihr werdet Korn, Wein und Öl ernten können, und euer Vieh wird Gras zum Weiden finden. Ihr werdet immer genug zu essen haben. (Dtn 11,12-15)

Liebt den Herrn, euren Gott, bleibt ihm treu und tut alles, was er von euch fordert! Dann wird er alle diese Völker vor euch vertreiben, obwohl sie größer und stärker sind als ihr. (Dtn 11,22 f)

Später aber wird der Herr euch das ganze Land geben, das er euren Vorfahren zugesagt hat. Voraussetzung dafür ist allerdings, daß ihr alle seine Gebote sorgfältig befolgt, die ich euch heute verkünde, daß ihr ihn, euren Gott, liebt und euch stets nach seinen Weisungen richtet. (Dtn 19,8 f)

Er selbst wird eure Herzen beschneiden und die Herzen eurer Nachkommen, so daß ihr den Herrn, euren Gott, mit ganzem Herzen und mit allen Kräften lieben könnt. Dann werdet ihr euer Leben bewahren. (Dtn 30,6)

Liebt den Herrn, euren Gott! Gehorcht ihm und bleibt ihm treu! Denn davon hängt es ab, ob ihr auf die Dauer als sein Volk fortbesteht und in dem Land bleiben dürft, das der Herr euren Vorfahren Abraham, Isaak und Jakob mit einem Eid versprochen hat. (Dtn 30,20)

Der Herr, euer Gott, verlangt ungeteilte Liebe; wenn ihr ihm nicht treu bleibt, fordert ihr seinen Zorn heraus, und er wird euch ausrotten. (Dtn 6,15)

Der Herr ist stark und mächtig

Herr, mein Gott, du hast mich, deinen Diener, deine Größe und Macht erfahren lassen. Nirgends im Himmel und auf der Erde gibt es einen Gott, der so gewaltige Taten und erstaunliche Wunder vollbringt wie du. (Dtn 3,24)

Wer von den Göttern kann sich dir vergleichen? Wer ist so heilig, Herr, und so gewaltig? Wer sonst weckt Furcht und Staunen durch sein Tun? (Ex 15,11)

Der Herr, euer Gott, ist bei euch. Er ist stark und mächtig und alle seine Feinde müssen sich vor ihm fürchten. (Dtn 7,21)

Denn der Herr, euer Gott, ist Herr über alle Götter und Gewalten, er ist groß und mächtig und verbreitet Furcht und Schrekken um sich. (Dtn 10,17)

Ich weiß, daß der König von Ägypten euch nicht gehen läßt; er wird sich durch keine Macht der Welt dazu zwingen lassen. Aber dann wird er meine Macht zu spüren bekommen. Ich werde sein Land durch die schreckenerregenden Wunder, die ich dort vollbringen werde, bestrafen, und er wird euch ziehen lassen. (Ex 3,19 f)

Daran sollst du erkennen, daß ich, der Herr, in deinem Land meine Macht zeige. Ich werde mein Volk von dem Ungeziefer frei halten, von dem dein Volk geplagt wird. Gleich morgen soll das geschehen. (Ex 8,18 f)

Keiner in der ganzen Welt kann es mit mir aufnehmen! (Ex 9,14)

Der Pharao wird nicht auf eure Forderung hören, damit ich durch viele Wunder in Ägypten meine ganze Macht zeigen kann. (Ex 11,9)

Meinst du, es gibt eine Grenze für meine Macht? Du wirst jetzt gleich sehen, ob meine Zusage eintrifft oder nicht. (Num 11,23)

Dann will ich am Pharao und seinem Heer, allen seinen Streitwagen und Wagenkämpfern, durch einen vernichtenden Schlag meine ganze Macht erweisen. (Ex 14,18)

„Gepriesen sei der Herr, der euch aus der Gewalt des Pharao und der Ägypter gerettet und das Volk von der Unterdrückung befreit hat! Jetzt weiß ich: der Herr ist größer als alle anderen Götter; denn er hat sich als stärker erwiesen als die Ägypter in ihrer Vermessenheit." (Jitro - Ex 18,9-11)

Mose rief alle Israeliten zusammen und sagte zu ihnen: „Ihr habt miterlebt, wie der Herr in Ägypten den Pharao, dessen Minister und das ganze Volk seine Macht spüren ließ. Mit eigenen Augen habt ihr gesehen, was für Wunder der Herr vollbracht hat und welche schrecklichen Plagen er über die Ägypter kommen ließ. Aber erst heute öffnet der Herr euch Augen, Ohren und Verstand für das, was damals geschehen ist." (Dtn 29,1 ff)

Wie ein verzehrendes Feuer

Euer Gott ist wie ein verzehrendes Feuer, er duldet nicht, daß ihr irgend etwas anderes außer ihm verehrt. (Dtn 4,24)

Er sprach zu euch vom Himmel herab und gab euch seine Weisungen; ihr habt sein gewaltiges Feuer gesehen und ihn aus dem Feuer heraus reden hören. (Dtn 4,36)

Es gibt dort das Volk der Anakiter, lauter bärenstarke, riesenhafte Männer. Ihr habt von ihnen gehört und kennt das geflügelte Wort: „Mit den Anakitern nimmt es keiner auf." Aber ihr werdet erleben, daß der Herr, euer Gott, vor euch herzieht wie ein verzehrendes Feuer; er wird sie vor euch in die Knie zwingen, so daß ihr sie in kürzester Zeit vertreiben und vernichten könnt, wie er es euch versprochen hat. (Dtn 9,2 f)

Dann stieg Mose hinauf auf den Berg. Die Wolke verhüllte den Gipfel, und die Herrlichkeit des Herrn kam auf den Sinai herab. Für die Israeliten sah sie aus wie ein loderndes Feuer auf dem Berggipfel. (Ex 24,15 ff)

Die Herrlichkeit des Herrn

Der Herr, unser Gott, hat uns heute seine Größe und Herrlichkeit sehen lassen, und wir haben aus dem Feuer seine Stimme gehört. (Dtn 5,24)

Kaum hatten sich die Israeliten mit dem Blick zur Wüste aufgestellt, da erschien ihnen auch schon von dorther die Herrlichkeit des Herrn in der Wolke. (Ex 16,10)

Das heilige Zelt wird durch die Gegenwart meiner Herrlichkeit zu einer heiligen Stätte werden, und genauso wird der Altar durch meine Gegenwart heilig. (Ex 29,43 f)

Nun bat Mose den Herrn: „Laß mich doch deine Herrlichkeit sehen!" Der Herr erwiderte: „Ich werde in meiner ganzen Pracht und Hoheit an dir vorüberziehen und meinen Namen 'Der Herr' vor dir ausrufen ... Aber mein Gesicht darfst du nicht sehen; denn niemand, der mich sieht, bleibt am Leben." (Ex 33,18 ff)

Als Mose das ganze Werk vollendet hatte, ließ sich die Wolke auf das heilige Zelt, die Wohnung des Herrn, nieder. Die Herrlichkeit des Herrn erfüllte das ganze Zelt. Deshalb konnte Mose es nicht betreten. (Ex 40,33 ff)

Die Menge wollte sie steinigen. Da erschien die Herrlichkeit des Herrn vor den Augen aller Israeliten über dem heiligen Zelt. (Num 14,10)

Als sie aber zum heiligen Zelt blickten, sahen sie, daß die Wolke es bedeckte: die Herrlichkeit des Herrn war erschienen. (Num 17,7)

Mose und Aaron wichen vor dem Volk bis zum Eingang des heiligen Zeltes zurück und warfen sich dort nieder. Da erschien ihnen die Herrlichkeit des Herrn. (Num 20,6)

Gott ist treu und gerecht

In allem, was Gott plant und ausführt, ist er vollkommen und gerecht. (Dtn 32,4)

Gott ist nicht parteiisch und läßt sich nicht bestechen. (Dtn 10,17)

Er wollte euch zeigen, daß er allein der wahre Gott ist und daß er Wort hält. (Dtn 7,9)

An keinem handelt Gott mit Trug und Tücke, er steht zu seinem Wort, denn er ist treu! (Dtn 32,4)

Ich stehe zu meinen Zusagen; ich bin der Herr, ihr Gott! (Gen 26,44)

Ich habe Geduld, meine Güte und Treue sind grenzenlos. (Ex 34,6)

Siehe auch: Der Herr steht zu seinen Zusagen.

Gott ist barmherzig

Der Herr ist ja ein Gott voll Erbarmen, und er ist und bleibt euer Gott. Er wird euch nicht fallen lassen, euch nicht vernichten. Er vergißt nicht, was er euren Vorfahren mit einem Eid zugesagt hat. (Dtn 4,31)

Falls du von einem anderen Israeliten den Umhang zum Pfand nimmst, so gib ihn vor Sonnenuntergang wieder zurück. Denn sein Umhang ist das einzige, womit er sich warmhalten kann. Worin soll er sonst schlafen? Wenn er sich bei mir über dich beklagt, werde ich ihn hören; denn ich bin barmherzig. (Ex 22,25 f)

Da sah der Herr davon ab, seine Drohung wahrzumachen, und vernichtete sein Volk nicht. (Ex 32,14)

Sag den Israeliten: „Ihr seid zwar ein widerspenstiges Volk, und wenn ich auf dem Weg ins Land auch nur einen Augenblick in eurer Mitte weilen würde, müßte ich euch vernichten. Aber wenn ihr jetzt euren Schmuck für immer ablegt, will ich sehen, was ich für euch tun kann.“ (Ex 33,4 ff)

Ich erweise meine Gunst, wem ich will; ich schenke mein Erbarmen, wem ich will. (Ex 33,19)

Ich vergebe ihnen, weil du mich darum bittest. (Num 14,20)

Wenn ihr und eure Nachkommen nun trotzdem die Gebote des Herrn mißachtet und zur Strafe vom Herrn, eurem Gott, unter fremde Völker zerstreut werdet, kommt ihr vielleicht dort zur Besinnung, kehrt zum Herrn, eurem Gott, zurück, werdet ihm gehorsam und befolgt mit ganzem Herzen und mit allen Kräften seine Gebote, die ich euch heute verkündet habe. Dann wird der Herr, euer Gott, Erbarmen mit euch haben. Er wird euch aus der Gefangenschaft befreien und aus den Völkern, unter die er euch zerstreut hat, herausholen. (Dtn 30,1 ff)

Der Herr wird seinem Volk zu Hilfe kommen
und Mitleid haben mit den Seinen.
Er sieht es ja, daß sie am Ende sind
und daß die Starken wie die Schwachen fallen. (Dtn 32,36)

Seinem Volk schenkt er Vergebung
und nimmt vom Land den Fluch der Schuld. (Dtn 32,43)

Gott ist wie ein Vater

Durch die Wüste hat er euch getragen wie ein Vater sein Kind. (Dtn 1,31)

Ist Gott es nicht, der euch geschaffen hat und wie ein Vater für euch sorgt? (Dtn 32,6)

Ihr seid das Volk des Herrn, ihr gehört ihm wie Kinder ihrem Vater. (Dtn 14,1)

Die ganzen vierzig Jahre lang sind eure Kleider nicht zerschlissen, und ihr habt keine wunden Füße bekommen. Daran sollt ihr erkennen, daß der Herr, euer Gott, euch auf den rechten Weg bringen will wie ein Vater, der sein Kind erzieht. (Dtn 8,4 f)

Weil der Herr, euer Gott, euch liebt, ließ er Bileams Worte nicht in Erfüllung gehen und verwandelte den Fluch in Segen. (Dtn 23,5 ff)

Der Herr, euer Gott, wird euch in ein schönes und fruchtbares Land bringen. (Dtn 8,7)

Ihr werdet keinen Mangel kennen, und es wird euch an nichts fehlen. (Dtn 8,9)

Ihr werdet euch sattessen können und werdet dem Herrn, eurem Gott, aus vollem Herzen danken für das gute Land, das er euch gegeben hat. (Dtn 8,10)

Gott segnet die Menschen

Gott segnete die Menschen und sagte zu ihnen: „Vermehrt euch! Breitet euch über die Erde aus und nehmt sie in Besitz!" (Gen 1,28)

Gott hat den Menschen als sein Ebenbild gemacht; als Mann

und Frau hatte er die Menschen geschaffen, hatte sie gesegnet und ihnen den Namen „Mensch“ gegeben. (Gen 5,1 f)

Am siebten Tag hatte Gott sein Schöpfungswerk vollendet und ruhte von seiner Arbeit aus. Deshalb segnete er den siebten Tag und erklärte: „Dieser Tag ist heilig, er gehört mir.“ (Gen 2,1 ff)

Gott segnete Noach und seine Söhne. (Gen 9,1)

So wirst du in aller Welt geachtet sein; an dir wird sichtbar werden, was es bedeutet, wenn ich jemand segne. Allen, die dir und deinen Nachkommen Gutes wünschen, werde auch ich Gutes erweisen. Aber wenn einer euch Böses wünscht, dann trifft ihn mein Fluch. Alle Völker der Erde werden Glück und Segen erlangen, wenn sie dir und deinen Nachkommen wohlgesonnen sind. (Gen 12,2 f)

Dann sagte Gott zu Abraham: „Deine Frau Sarai sollst du von jetzt an Sara nennen. Ich will sie segnen und dir auch durch sie einen Sohn schenken. Sie soll die Mutter ganzer Völker werden, und Könige sollen von ihr abstammen.“ (Gen 17,15 f)

Auch deine Bitte für Ismael will ich erfüllen: Ich werde ihn segnen und ihm zahlreiche Nachkommen schenken. (Gen 17,20)

Der Segen Gottes ging nach Abrahams Tod auf seinen Sohn Isaak über. (Gen 25,11)

Der Herr war Isaak erschienen und hatte gesagt: „Geh nicht nach Ägypten! Ich werde dir sagen, wo du bleiben kannst. Lebe hier im Land Kanaan als Fremder, dann werde ich dir beistehen und dich segnen.“ (Gen 26,2 f)

Gott segne dich wie die Nachkommen Isaaks! (Gen 26,4)

Isaak hatte in Gerar Getreide ausgesät und erntete in jenem Jahr hundertmal soviel, wie er gesät hatte. Denn der Herr segnete ihn. (Gen 26,12 ff)

Ich will dich segnen und dir viele Nachkommen geben, wie ich es meinem Diener Abraham versprochen habe. (Zu Isaak – Gen 26,23 ff)

„Es ist offenkundig, daß der Herr dich segnet." (König Abimelech zu Isaak – Gen 26,29)

Gott segnete Jakob und gab ihm einen neuen Namen. Er sagte: „Du sollst von jetzt an nicht mehr Jakob heißen, sondern Israel. Ich bin der Gott, der alle Macht hat. Ich segne dich, so daß deine Nachkommen sehr zahlreich werden." (Gen 35,9 ff)

Von da an lag der Segen des Herrn auf Potifar; Josef zuliebe ließ der Herr im Haus und auf den Feldern alles gedeihen. (Gen 39,5)

Weiter sagte Jakob zu Josef: „Du und deine Kinder, ihr werdet in Israel ein Beispiel besonderen Segens sein. Wenn die Israeliten einander Glück wünschen, werden sie sagen: ‚Gott segne dich wie Efraim und Manasse!'" (Gen 48,20)

Der Herr, euer Gott, hatte all euer Tun reich gesegnet. Er vergaß euch nicht in der großen Wüste. (Dtn 2,7)

Der Herr, euer Gott, wird seinen Segen auf alle eure Arbeit legen und euch reichen Ertrag schenken. (Dtn 16,15)

Wenn du das beachtest, wird der Herr dein Tun segnen und dir alles gelingen lassen in dem Land, das ihr jetzt in Besitz nehmen werdet. (Dtn 23,21)

Der Herr wird euch noch mehr segnen und euch noch zahlreicher machen als eure Vorfahren. (Dtn 30,5)

Ihr aber werdet euch dem Herrn wieder zuwenden, ihm gehorchen und alle seine Gebote befolgen, die ich euch heute verkündet habe. Dann wird der Herr, euer Gott, euer Tun segnen und euch alles im Überfluß schenken. (Dtn 30,8 f)

Gott spricht zu den Menschen

Gott rief den Menschen. (Gen 3,9)

Als der Herr sah, daß Mose näherkam, rief er ihn aus dem Busch heraus an. (Ex 3,4)

Ich werde in einer Wolke verborgen zu dir kommen, damit das Volk hören kann, wie ich mit dir rede. (Ex 19,9)

In diesem Heiligtum komme ich euch nahe, indem ich mit dir rede. (Ex 29,42)

Wenn die Israeliten die Wolkensäule über dem Zelt stehen sahen, warfen sich alle anbetend am Eingang ihrer Zelte nieder. Der Herr sprach mit Mose Auge in Auge wie ein Mensch mit einem anderen. (Ex 33,10 f)

Als Mose mit den beiden Tafeln den Berg Sinai hinabstieg, wußte er nicht, daß sein Gesicht einen strahlenden Glanz bekommen hatte, während der Herr mit ihm sprach. (Ex 34,29)

Der Herr kam in der Wolke herab und redete Mose an. (Num 11,25)

Mirjam und Aaron machten Mose Vorwürfe wegen seiner kuschitischen Frau. Zu den Israeliten sagten sie: „Darf Mose behaupten, daß nur er den Willen des Herrn kennt? Hat der Herr nicht auch zu uns gesprochen?" (Num 12,1 f)

Wenn ich Propheten zu euch sende, offenbare ich mich ihnen in Visionen und spreche zu ihnen in Träumen. Mit meinem Diener Mose aber halte ich es anders. Ihm habe ich mein ganzes Haus anvertraut. Deshalb rede ich zu ihm wie ein Mensch zu einem anderen, in klaren, eindeutigen Worten. (Num 12,6 ff)

„Aber bleibt auch ihr die Nacht über bei mir zu Gast. Vielleicht hat der Herr mir noch etwas zu sagen." In der Nacht kam Gott und sprach mit Bileam. (Bileam - Num 22,19)

Dann sagte Bileam zu Balak: „Bleib du hier bei den Opfern;

ich will dort hinübergehen und sehen, ob der Herr mir etwas offenbart. Ich werde dir dann sagen, was er mich schauen läßt." (Num 23,3)

Rufe das ganze Volk zusammen! Sie sollen hören, was ich ihnen zu sagen habe, und sollen lernen, mich und meine Weisungen ernst zu nehmen, die ganze Zeit, die sie in ihrem Land leben. Sie sollen auch ihre Kinder dazu anhalten. (Dtn 4,10)

Der Berg stand in Flammen, die bis zum Himmel loderten, und ringsum war er von schwarzen Wolken umgeben. Der Herr sprach zu mir aus dem Feuer heraus. Ihr konntet nur seine Stimme hören, aber sehen konntet ihr ihn nicht. (Dtn 4,11 f)

Hat je ein Volk die Stimme Gottes aus dem Feuer heraus gehört und ist am Leben geblieben, wie ihr das erlebt habt? (Dtn 4,33)

Er sprach zu euch vom Himmel herab und gab euch seine Weisungen; ihr habt sein gewaltiges Feuer gesehen und ihn aus dem Feuer heraus reden hören. (Dtn 4,36)

Auge in Auge hat er dort auf dem Berg aus dem Feuer zu euch gesprochen. (Dtn 5,4)

Diese Gebote gab euch der Herr am Berg Horeb. Eure ganze Gemeinde war versammelt und hörte, wie er sie aus dem Feuer und der dunklen Wolke heraus mit lauter Stimme verkündete. (Dtn 5,22)

Der Herr, unser Gott, hat uns heute seine Größe und Herrlichkeit sehen lassen, und wir haben aus dem Feuer seine Stimme gehört. (Dtn 5,24)

Noch kein sterblicher Mensch hat so wie wir die Stimme des lebendigen Gottes mitten aus dem Feuer reden hören und ist am Leben geblieben. (Dtn 5,26)

Die Völker, die ihr vertreiben werdet, hören auf Wahrsager und Zeichendeuter; euch aber sagt der Herr, euer Gott, auf anderem Wege, was ihr tun sollt. Er wird immer wieder einen aus eurer Mitte zum Propheten berufen, der euch seinen Willen verkündet, wie ich es getan habe; auf den sollt ihr hören. (Dtn 18,14 f)

Gott sorgt für die Menschen

Als Abraham aufblickte, sah er einen einzelnen Schafbock, der sich mit seinen Hörnern im Gestrüpp verfangen hatte. Er ging hinüber, nahm das Tier und opferte es anstelle seines Sohnes auf dem Altar. Er nannte den Ort „Der Herr sorgt vor". Noch heute sagt man: „Auf dem Berg des Herrn ist vorgesorgt." (Gen 22,13 f)

Gott hatte die Städte in der Jordangegend vernichtet; aber er hatte an Abraham gedacht und dafür gesorgt, daß Lot der Katastrophe entging. (Gen 19,29)

Ich werde auch dafür sorgen, daß die Ägypter euch wohlgesinnt sein werden und ihr nicht mit leeren Händen wegziehen müßt. (Ex 3,21)

Der Herr sorgte dafür, daß die Ägypter den Israeliten wohlgesinnt waren. Mose genoß sogar hohes Ansehen bei den Ministern des Pharao und beim ganzen ägyptischen Volk. (Ex 11,3)

Der Herr wird euch am Abend Fleisch geben und am Morgen Brot, daß ihr euch satt essen könnt. (Ex 16,8)

Mose aber erklärte ihnen: „Dies ist das Brot, mit dem der Herr euch am Leben erhalten wird." (Ex 16,15)

Ehrt mich allein, den Herrn, euren Gott, dann werde ich dafür sorgen, daß es in eurem Land genug zu essen gibt und ihr reichlich Wasser habt. Ich werde auch alle Krankheiten von euch fernhalten. (Ex 23,25)

Mose und die siebzig Ältesten gingen ins Lager zurück. Inzwischen hatte der Herr einen Sturm aufkommen lassen, der riesige Scharen von Wachteln vom Meer herantrieb. Er warf sie im Umkreis von einem Tagesmarsch rings ums Lager zur Erde. Die Tiere lagen fast einen Meter hoch. Den ganzen Rest des Tages, die folgende Nacht und noch den nächsten Tag war das Volk damit beschäftigt, Wachteln einzusammeln. Das wenigste, was einer zusammenbrachte, waren dreißig Zentner. Sie breiteten die Tiere zum Dörren rings um das Lager aus. (Num 11,30 ff)

Der Herr sagte zu Mose: „Hol deinen Stock und geh mit Aaron zu dem Felsen dort drüben! Befehlt dem Felsen vor der versammelten Gemeinde, euch Wasser zu geben. Dann wird Wasser daraus hervorsprudeln, und ihr könnt Menschen und Vieh zu trinken geben." (Num 20,7 f)

Vierzig Jahre hat er euch begleitet und für euch gesorgt; nie hat es euch an etwas gefehlt. (Dtn 2,7)

Aus dem härtesten Felsen ließ er eine Quelle entspringen, mitten in der Wüste gab er euch Manna zu essen, von dem eure Vorfahren noch nichts wußten. Er ließ euch Hunger und Durst leiden, um euren Trotz zu brechen und euch auf die Probe zu stellen; aber danach gab er euch, was ihr zum Leben brauchtet. (Dtn 8,15 f)

Ihr habt erlebt, wie er auf dem Weg durch die Wüste für euch gesorgt und euch wohlbehalten bis hierher gebracht hat. (Dtn 11,5)

Der Herr, euer Gott, kümmert sich selbst um das Gedeihen und blickt das ganze Jahr über freundlich auf das Land. (Dtn 11,12)

Vierzig Jahre lang habe ich euch durch die Wüste geführt, und eure Kleider und Schuhe sind nicht zerschlissen. Ihr hattet weder Brot zu essen noch Wein oder Bier zu trinken. Der Herr selbst hat für euch gesorgt, damit ihr erkennt, was für ein Gott das ist, der euch zu seinem Volk gemacht hat. (Dtn 29,4 f)

Er will auch in Zukunft dafür sorgen, daß wir am Leben bleiben und es uns gutgeht. Aber dafür verlangt er von uns, daß wir ihn ernst nehmen und nach den Geboten leben, die er uns gegeben hat. (Dtn 6,24)

Hab keine Angst

Hab keine Angst; ich stehe dir bei. (Gen 26,24)

Mose antwortete ihnen: „Verliert nur nicht den Mut! Wartet ab und seht zu, wie der Herr euch heute retten wird. Ihr werdet Zeugen sein, wie die Ägypter ihre größte Niederlage erleben. Der Herr selbst wird für euch kämpfen, ihr könnt ganz ruhig sein." (Ex 14,13 f)

Ihr braucht die Bewohner des Landes nicht zu fürchten. Wir werden im Handumdrehen mit ihnen fertig. Sie sind von ihren Göttern verlassen, aber uns steht der Herr zur Seite. Habt also keine Angst vor ihnen! (Num 14,9)

Hab keine Angst vor ihm! Ich habe ihn, sein Heer und sein ganzes Land in deine Gewalt gegeben. (Num 21,34)

Habt keine Angst, laßt euch nicht abschrecken. (Dtn 1,21)

Habt doch keine Angst vor ihnen! Der Herr, euer Gott, wird vor euch herziehen und für euch kämpfen. (Dtn 1,29 f)

Hab keine Angst vor ihm! Ich habe ihn und seine Kriegsleute und sein Land in deine Gewalt gegeben. (Dtn 3,1)

Habt keine Angst vor ihnen! Der Herr, euer Gott, wird selbst für euch kämpfen. (Dtn 3,22)

Habt keine Angst vor ihnen! Denkt doch daran, wie der Herr, euer Gott, den Pharao und alle Ägypter seine Macht spüren ließ. (Dtn 7,17 f)

Ihr braucht keine Angst vor ihnen zu haben; denn der Herr,

euer Gott, ist bei euch. Er ist stark und mächtig und alle seine Feinde müssen sich vor ihm fürchten. (Dtn 7,21)

Wenn ihr gegen Feinde ins Feld zieht, die zahlreicher sind als ihr und außerdem mit Pferden und Streitwagen ausgerüstet, dann fürchtet euch nicht. Der Herr, euer Gott, der euch aus Ägypten geführt hat, steht euch bei. (Dtn 20,1)

Aber ehe es zum Kampf kommt, soll der Priester vor die versammelten Israeliten treten und zu ihnen sagen: „Männer von Israel, ihr zieht jetzt in den Kampf gegen eure Feinde. Seid mutig und habt keine Angst vor ihnen! Laßt euch nicht von ihrer Stärke beeindrucken; weicht nicht zurück, wenn sie angreifen! Der Herr, euer Gott, zieht mit euch. Er selbst kämpft gegen eure Feinde und hilft euch!" (Dtn 20,2 ff)

Schließlich sollen sie noch hinzufügen: „Ist jemand da, der Angst hat und sich vor dem Feind fürchtet? Er soll heimkehren, damit er nicht die anderen ansteckt und auch ihnen den Mut nimmt." (Dtn 20,8)

Seid tapfer und entschlossen! Habt keine Angst! Erschreckt nicht vor ihnen! Der Herr, euer Gott, wird selbst mit euch ziehen. Er wird euch gewiß nicht im Stich lassen. (Dtn 31,6)

Der Herr selbst wird vor dir herziehen. Er wird dir helfen und dich niemals im Stich lassen. Hab keine Angst und laß dich von keinem Gegner einschüchtern! (Dtn 31,8)

Sei tapfer und entschlossen! Ich werde dir beistehen. (Dtn 31,23)

Ich werde dich beschützen

Kehre in das Land deiner Vorfahren und zu deinen Verwandten zurück! Ich werde dich beschützen. (Gen 31,3)

Gott machte Kain ein Zeichen auf die Stirn, damit jeder wußte: Kain steht unter dem Schutz des Herrn. (Gen 4,15)

Gott öffnete Hagar die Augen, da sah sie einen Brunnen. Sie ging hin, füllte den Schlauch und gab dem Kind zu trinken. Auch künftig schützte Gott den Jungen. (Gen 21,19 f)

Kehr in deine Heimat und zu deiner Familie zurück; ich beschütze dich und lasse es dir gutgehen. (Gen 32,10)

Du hast mir doch versprochen: „Ich beschütze dich; ich lasse es dir gutgehen." (Jakob – Gen 32,13)

„Wir gehen miteinander nach Bet-El. Dort will ich einen Altar bauen für den Gott, der mich in der Not gehört und mich auf meinem ganzen Weg bis hierher begleitet hat." (Jakob – Gen 35,3)

„Ich bete zu dem Gott, der mich wie ein Hirt mein Leben lang geführt und beschützt hat. Ich bete zu dem Gott, der in aller Not zur Stelle war und mich gerettet hat." (Jakob – Gen 48,15 f)

Ich werde einen Engel vor euch hersenden, der euch unterwegs beschützt und euch sicher in das Land bringt, das ich für euch bestimmt habe. (Ex 23,20)

Er hat euch beschützt in der großen und gefährlichen Wüste, wo giftige Schlangen und Skorpione hausen, wo alles ausgedörrt ist und es nirgends einen Tropfen Wasser gibt. (Dtn 8,15)

Gott fand sie hilflos in der Wüste,
umlauert und umheult von wilden Tieren,
da nahm er sie in seine Obhut,
er schützte sie mit aller Sorgfalt,
so wie ein Mann sein eigenes Auge schützt. (Dtn 32,10)

Der ewige Gott ist deine Zuflucht, Israel,
in seinen Armen fängt er dich auf. (Dtn 33,27)

Der Herr beschützt alle, die zu ihm gehören. (Dtn 33,3)

Du kannst dich auf ihn verlassen,
er ist für dich wie ein schützender Schild
und ein scharfes, siegreiches Schwert. (Dtn 33,29)

Ich werde dir beistehen

Ich werde dir beistehen. Ich bewahre dich, wo du auch hingehst, und bringe dich wieder in dieses Land zurück. Ich lasse dich nicht im Stich. Alles, was ich versprochen habe, werde ich tun. (Gen 28,15)

Ich will euch als mein Volk annehmen und will euer Gott sein. Dann werdet ihr erkennen, daß ich es bin, der Herr, der euch hilft. (Ex 6,7)

Hagar konnte nicht mitansehen, wie der Junge starb. Aber Gott hörte das Kind schreien. Da rief der Engel Gottes vom Himmel aus Hagar zu: „Warum bist du verzweifelt, Hagar? Hab keine Angst, Gott hat das Schreien des Kindes gehört!" (Gen 21,16 f)

Lebe hier im Land Kanaan als Fremder, dann werde ich dir beistehen und dich segnen. (Gen 26,3)

„Wenn der Gott meines Großvaters Abraham und der Gott, vor dem mein Vater Isaak zitterte, mir nicht geholfen hätte, dann hättest du mir alles genommen und mich mit leeren Händen ziehen lassen. Aber Gott hat gesehen, wie ich mich für dich abgearbeitet habe und wie schlecht ich dafür behandelt wurde; deshalb hat er sich in der vergangenen Nacht auf meine Seite gestellt." (Jakob zu Laban – Gen 31,42)

Dann machten sie sich auf den Weg. Gott aber ließ über die Bewohner der umliegenden Städte einen solchen Schrecken kommen, daß sie es nicht wagten, sie zu verfolgen. (Gen 35,5)

Der Verwalter vertraute Josef völlig und gab ihm freie Hand; denn er sah, daß der Herr ihm beistand und alles gelingen ließ, was er tat. (Gen 39,23)

Im letzten Jahr vor der Hungersnot gebar Asenat dem Josef zwei Söhne. „Gott hat mich alle Not und sogar die Heimat vergessen lassen", sagte er und nannte den Erstgeborenen Manasse. Den zweiten nannte er Efraim, denn er sagte: „Gott hat mir in der Fremde Kinder geschenkt." (Gen 41,50 ff)

Ich werde mit dir gehen und dich auch wieder zurückbringen. (Gen 46,4)

Dann sagte Jakob: „Ich sterbe jetzt. Gott wird euch beistehen und euch in das Land zurückbringen, das er euren Vorfahren versprochen hat." (Gen 48,21)

Aber Mose wandte ein: „Ich? Wer bin ich denn! Wie kann ich zum Pharao gehen und die Israeliten aus Ägypten führen?" Gott antwortete: „Ich werde dir beistehen. Daran wirst du erkennen, daß ich dich gesandt habe." (Ex 3,11 f)

Mose erwiderte: „Nimm es mir nicht übel, Herr, aber schicke doch einen anderen!" Da wurde der Herr unwillig, und er sagte: „Du hast doch noch einen Bruder, den Leviten Aaron! Ich weiß, daß er gut reden kann. Er ist auf dem Weg zu dir und wird sich freuen, wenn er dich wiedersieht. Du sagst ihm alles, was er reden soll. Ich helfe dir dabei, und ich helfe auch ihm zu sprechen. Ich sage euch, was ihr tun und reden sollt." (Ex 4,13 ff)

Der Engel Gottes, der sonst ständig vor den wandernden Israeliten herging, trat nun an das Ende des Zuges. Auch die Wolkensäule, die sonst immer vor ihnen war, stellte sich hinter sie, so daß sie zwischen den Ägyptern und den Israeliten stand. Auf der Seite der Ägypter war sie dunkel, aber auf der Seite der Israeliten erhellte sie die Nacht. So konnten die Ägypter den Israeliten die Nacht über nicht näher kommen. (Ex 14,19 f)

Mose streckte seine Hand über das Meer aus, und der Herr ließ die ganze Nacht über einen starken Ostwind wehen, der das Wasser zurücktrieb. So verwandelte sich das Meer in trockenes Land. Das Wasser teilte sich, es stand auf beiden Seiten wie eine Mauer, und die Israeliten gingen trockenen Fußes mitten durchs Meer. (Ex 14,21 f)

Kurz vor Morgengrauen sah der Herr aus der Feuer- und Wolkensäule auf das Heer der Ägypter und brachte es in Verwirrung. Er hemmte die Räder ihrer Wagen, so daß sie nur mit Mühe vorwärtskamen. Die Ägypter sagten: „Der Herr steht auf der Seite Israels! Er kämpft gegen uns. Nur fort von hier!"(Ex 14,24 f)

Der Herr sagte zu Mose: „Streck deine Hand über das Meer aus! Dann wird das Wasser zurückfluten und die ägyptischen Streitwagen und Wagenkämpfer unter sich begraben." Mose streckte seine Hand aus, und so strömte das Wasser bei Tagesanbruch zurück. Die fliehenden Ägypter rannten geradewegs hinein, der Herr trieb sie mitten ins Meer. (Ex 14,26 f)

Der jüngere Sohn des Mose hieß Elieser (Gott hilft), denn Mose hatte gesagt: „Der Gott meines Vaters hilft mir, er hat mich vor dem Schwert des Pharao gerettet." (Ex 18,4)

Kein anderes Volk hat ja einen Gott, der ihm mit seiner Hilfe so nahe ist wie uns der Herr, unser Gott. Er hilft, sooft wir zu ihm rufen. (Dtn 4,7)

Niemand wird sich gegen euch behaupten können; denn der Herr wird Angst und Entsetzen vor euch über alle Bewohner des Landes kommen lassen, wie er euch das versprochen hat. (Dtn 11,25)

Die Ägypter unterdrückten uns und zwangen uns zu harter Arbeit. Da schrien wir zum Herrn, dem Gott unserer Vorfahren, um Hilfe. Er hörte uns und half uns aus Not, Elend und Sklaverei. (Dtn 26,6 f)

Kein anderer Gott ist dem Gott Israels gleich.
In seiner Majestät fährt er über den Himmel,
auf den Wolken eilt er dir zu Hilfe. (Dtn 33,26)

Wie glücklich bist du, Israel!
Kein anderes Volk kann sich mit dir vergleichen,
denn der Herr ist dein Helfer. (Dtn 33,29)

Ich bevollmächtige dich

Noch einmal sprach der Herr zu Mose; er sagte: „Wenn du nach Ägypten kommst, dann vollbringe vor dem Pharao die Wunder, zu denen ich dich bevollmächtigt habe." (Ex 4,21)

Aaron berichtete ihnen alles, was der Herr zu Mose gesagt hatte, und Mose vollbrachte vor ihren Augen die Wunder, zu denen Gott ihn bevollmächtigt hatte. (Ex 4,30)

Gott hatte also zu Mose in Ägypten gesagt: „Ich bin der Herr! Sage dem Pharao, dem König von Ägypten, alles, was ich dir auftrage." Mose aber hatte eingewandt: „Ich bin doch so ungeschickt im Reden, wie sollte da der Pharao auf mich hören?"
Darauf sagte der Herr: „Ich bevollmächtige dich, vor den Pharao hinzutreten, als wärst du Gott, und dein Bruder Aaron wird dein Prophet sein." (Ex 6,28 – 7,1)

Der Herr antwortete Mose: „Versammle siebzig angesehene Männer aus dem Kreis der Ältesten Israels, die sich als Aufseher bewährt haben, und hole sie zum heiligen Zelt. Dort sollen sie sich neben dir aufstellen. Ich werde herabkommen und mit dir sprechen und werde von dem Geist, den ich dir gegeben habe, einen Teil nehmen und ihnen geben. Dann können sie die Verantwortung für das Volk mit dir teilen und du brauchst die Last nicht allein zu tragen." (Num 11,16 f)

Von Aroër auf den Höhen über dem Arnontal und der Stadt, die direkt am Arnonfluß liegt, bis hin zur Landschaft Gilead konnte sich keine einzige Stadt gegen uns behaupten; alle gab der Herr, unser Gott, in unsere Gewalt. (Dtn 2,36)

Und der Herr, unser Gott, ließ uns auch über König Og von Baschan siegen. (Dtn 3,3)

Der Herr, euer Gott, wird es euch gelingen lassen. (Dtn 7,1)

Ich führe dich

Ich habe gesehen, was man euch in Ägypten antut. Darum habe ich beschlossen, euch aus diesem Land herauszuführen, in dem ihr so mißhandelt werdet. Ich bringe euch in das Land der Kanaaniter, Hetiter, Amoriter, Perisiter, Hiwiter und Jebusiter, ein Land, in dem Milch und Honig fließen. (Ex 3,16 f)

Der Herr aber schickte Mose und Aaron von neuem zu den Israeliten und zum Pharao, weil er sein Volk aus Ägypten herausführen wollte. (Ex 6,13)

Durch schwere Strafgerichte werde ich es so weit bringen, daß ich mein Volk, die Israeliten, aus Ägypten führen kann. Wenn ich so meine Hand gegen die Ägypter erhebe und die Israeliten mitten aus ihrem Land wegführe, dann werden sie erkennen, wer ich bin, ich, der Herr. (Ex 7,4 f)

Vierhundertdreißig Jahre hatten die Israeliten in Ägypten gelebt. Nun verließ das Volk des Herrn in geordneten Scharen das Land. Während der Nacht, in der sie der Herr aus Ägypten herausführte, wachte er über sie. (Ex 12,40 f)

An jenem Tag führte der Herr die Israeliten in geordneten Scharen aus Ägypten weg. (Ex 12,51)

Bei dieser Gelegenheit sollt ihr euren Söhnen erklären: „Wir halten diesen Brauch zur Erinnerung an das, was der Herr für uns getan hat, als er uns aus Ägypten herausführte." Dieser Brauch hat für euch dieselbe Bedeutung wie das Zeichen am Arm und auf der Stirn, das euch daran erinnert, das Gesetz des Herrn immer wieder zu lesen und zu lernen. Ihr sollt durch ihn daran erinnert werden, daß der Herr euch mit starker Hand aus Ägypten herausgeführt hat. (Ex 13,8 ff)

Wenn eure Söhne euch künftig fragen werden, warum ihr diesen Brauch befolgt, dann sagt ihnen: „Dieser Brauch geht zurück auf die Zeit, als der Herr uns mit starker Hand aus Ägypten, wo wir Sklaven waren, herausgeführt hat." (Ex 13,14)

Geordnet wie eine Armee verließen sie Ägypten. Mose nahm

die Gebeine Josefs mit, wie dieser es vor seinem Tod ausdrücklich verlangt hatte. Damals hatte er zu seinen Brüdern gesagt: „Gott wird euch wieder von hier wegführen. Dann müßt ihr meine Gebeine mitnehmen.“ (Ex 13,18 f)

Mose und Aaron sagten nun zu allen Israeliten: „Heute abend werdet ihr erkennen, daß der Herr es war, der euch aus Ägypten herausgeführt hat.“ (Ex 16,6)

Ich werde mitten unter den Israeliten wohnen und als ihr Gott bei ihnen sein. Dann werden sie erkennen, daß ich der Herr, ihr Gott, bin, der sie aus Ägypten herausgeführt hat, um in ihrer Mitte zu wohnen. Ich bin der Herr, ihr Gott. (Ex 29,45 f)

Ich, der Herr, bin euer Gott. Ich habe euch aus Ägypten geführt, weil ich euer Gott sein wollte. Und ich bin es auch, ich, der Herr! (Num 15,41)

Der Herr hat selbst für euch gekämpft, mit starker Hand und erhobenem Arm hat er euch aus ihrer Mitte herausgeführt! (Dtn 4,34)

Er hat euch mit seiner großen Macht aus Ägypten herausgeführt, um Völker vor euch zu vertreiben, die größer und mächtiger sind als ihr, und euch ihr Land als bleibenden Besitz zu geben, wie ihr das jetzt erlebt. (Dtn 4,37)

Wir haben mit eigenen Augen gesehen, wie er durch seine großen Wundertaten Verderben über den Pharao und seine Familie und über alle Ägypter brachte. Uns aber hat er aus Ägypten herausgeführt und in dieses Land gebracht, das er unseren Vätern versprochen hatte. (Dtn 6,22 f)

Denkt an die Plagen, die er ihnen geschickt hat, und an alle seine großen Wundertaten. Denkt daran, wie er euch mit starker Hand und erhobenem Arm aus Ägypten herausgeführt hat! (Dtn 7,19)

Er versetzte die Ägypter durch seine mächtigen Wundertaten in Angst und Schrecken. Er führte uns mit starker Hand und erhobenem Arm aus Ägypten heraus. (Dtn 26,8)

Der Herr zieht vor euch her

Der Herr, euer Gott, wird selbst vor euch herziehen. (Dtn 31,3)

Mein Engel wird vor euch hergehen und euch in das Land der Amoniter, Hetiter, Perisiter, Kanaaniter, Hiwiter und Jebusiter bringen, und ich werde alle diese Völker vernichten. (Ex 23,23)

Während der ganzen Wanderschaft richteten sich die Israeliten nach der Wolke über dem Zelt. Solange die Wolke darauf ruhte, blieben sie an ihrem Lagerplatz. Sobald sie sich erhob, zogen sie weiter. Immer wenn die Israeliten ihr Lager aufgeschlagen hatten, konnten sie tagsüber die Wolke des Herrn über dem heiligen Zelt sehen, und nachts leuchtete Feuer in der Wolke. (Ex 40,36 ff)

An dem Tag, als das heilige Zelt, der Aufbewahrungsort des Bundesgesetzes, zum erstenmal aufgerichtet wurde, senkte sich die Wolke darauf herab und blieb dort. Nachts leuchtete sie wie Feuer. (Num 9,15 f)

Die Israeliten brachen auf und machten Halt genau nach dem Befehl des Herrn. Blieb die Wolke längere Zeit über dem Zelt, so folgten die Israeliten der Weisung des Herrn und machten einen längeren Aufenthalt. Blieb sie nur wenige Tage, so zogen sie entsprechend früher weiter, jeweils nach der Weisung des Herrn. (Num 9,18 ff)

Ob die Wolke nur eine Nacht blieb oder einen ganzen Tag oder zwei Tage oder auch einen Monat, stets richteten die Israeliten die Dauer ihres Aufenthaltes nach der Wolke. Sie blieben oder brachen auf, wie der Herr es befahl. (Num 9,21 ff)

Am 20. Tag des zweiten Monats – es war das zweite Jahr nach dem Auszug der Israeliten aus Ägypten – erhob sich die Wolke vom heiligen Zelt, dem Aufbewahrungsort des Bundesgesetzes. Da brachen die Israeliten aus der Wüste Sinai auf. Die Wolke führte sie bis zur Wüste Paran; dort ließ sie sich nieder. (Num 10,11 f)

Die Israeliten machten sich auf den Weg und zogen vom Berg

des Herrn aus drei Tagereisen weit. Die Bundeslade ging an der Spitze, um jedesmal den Lagerplatz zu bestimmen. Unterwegs war bei Tag die Wolke des Herrn über ihnen. (Num 10,33 f)

Was werden die Bewohner dieses Landes sagen? Sie haben gehört, daß du, Herr, mitten unter uns bist, daß du mir Auge in Auge gegenübertrittst, daß deine Wolke über uns steht und daß du vor uns hergehst, bei Tag in einer Wolkensäule und in einer Feuersäule bei Nacht. (Num 14,14)

Gott war vor euch hergezogen, um die Lagerplätze auszusuchen und euch den Weg zu zeigen, bei Tag in einer Wolke und bei Nacht in einer Feuersäule. (Dtn 1,32)

Ich habe euch getragen

Ihr habt gesehen, wie ich, der Herr, an den Ägyptern meine Macht erwiesen habe. Und ihr habt erlebt, wie ich euch getragen habe wie ein Adler seine Jungen; ich habe euch wohlbehalten hierher zu mir gebracht. (Ex 19,4)

Ihr habt erlebt, was Gott in Ägypten für euch getan hat, und durch die Wüste hat er euch getragen wie ein Vater sein Kind, den ganzen langen Weg bis hierher. (Dtn 1,30 f)

Ich werde euch befreien

Ich habe gesehen, wie mein Volk in Ägypten mißhandelt wird. Ich habe gehört, wie es um Hilfe schreit gegen seine Unterdrücker. Ich weiß, was es auszustehen hat, und bin gekommen, um es von seinen Unterdrückern zu befreien. (Ex 3,7 f)

Nun aber habe ich das Schreien der Israeliten gehört, die von den Ägyptern zur Fronarbeit gezwungen werden, und will meine Zusage einlösen. Darum richte den Israeliten aus: „Ich bin der Herr, ich werde euch aus dem Sklavendienst in Ägypten befreien. Durch meine große Macht werde ich euch retten und eure Unterdrücker hart bestrafen." (Ex 6,5 f)

Feiert jedes Jahr den Tag, an dem ihr aus Ägypten gezogen seid, und erinnert euch daran, wie der Herr euch mit starker Hand aus dem Land befreit hat, in dem ihr Sklaven gewesen seid. (Ex 13,3)

Mit starker Hand hast du dein Volk befreit,
in deiner Güte hast du es geführt,
du bringst es hin zu deiner heiligen Wohnung. (Ex 15,13)

Ich bin der Herr, euer Gott, der euch aus Ägypten geführt hat, wo ihr Sklaven gewesen seid. Ich habe euer Sklavenjoch zerbrochen und euch wieder aufrecht gehen lassen. (Lev 26,13)

Die Leute kamen zu Mose und sagten: „Es war nicht recht, daß wir uns gegen den Herrn und gegen dich aufgelehnt haben. Leg doch beim Herrn ein Wort für uns ein, damit er uns von diesen Schlangen befreit!" Mose betete für das Volk, und der Herr sagte zu ihm: „Fertige eine Schlange an und befestige sie oben an einer Stange. Wer gebissen wird, soll dieses Bild ansehen, dann wird er nicht sterben!" Mose machte eine Schlange aus Bronze und befestigte sie an einer Stange. Wer gebissen wurde und auf diese Schlange sah, blieb am Leben. (Num 21,7 ff)

Ich bin der Herr, dein Gott! Ich habe dich aus der Sklaverei in Ägypten befreit. Neben mir gibt es für dich keine anderen Götter. (Dtn 5,6 f)

Denke daran, daß du selbst in Ägypten ein Sklave warst und der Herr, dein Gott, dich mit starker Hand und erhobenem Arm von dort in die Freiheit geführt hat. (Dtn 5,15)

Nur deshalb hat er euch herausgeholt aus dem Land, in dem ihr Sklaven wart; nur deshalb hat er euch mit seiner starken Hand aus der Gewalt des Pharao befreit. Er wollte euch zeigen, daß er allein der wahre Gott ist und daß er Wort hält. (Dtn 7,8)

Er hat euch aus Ägypten, wo ihr Sklaven gewesen seid, herausgeführt. (Dtn 8,14)

Der Herr, euer Gott, hat euch aus dem Sklavendienst in Ägypten losgekauft und von dort in die Freiheit geführt. (Dtn 13,6)

Denkt daran, daß ihr alle in Ägypten Sklaven gewesen seid und daß der Herr, euer Gott, euch befreit hat. (Dtn 15,15)

Ich werde euch retten

Wenn später einmal Feinde in euer Land einfallen und ihr gegen sie in den Kampf zieht, dann müßt ihr das Signal aus kurzen Trompetenstößen blasen. Dann werde ich, der Herr, euer Gott, an euch denken und euch vor euren Feinden retten. (Num 10,9)

„Ich bin euer Bruder Josef, den ihr nach Ägypten verkauft habt! Erschreckt nicht und macht euch keine Vorwürfe deswegen. Gott hat mich hierher nach Ägypten gebracht, um euer Leben zu retten. Zwei Jahre herrscht nun schon Hungersnot und es kommen noch fünf Jahre, in denen man die Felder nicht bestellen und keine Ernte einbringen kann. Deshalb hat Gott mich vorausgeschickt. Es ist sein Plan, euch hier in diesem Land das Leben zu erhalten und euch und eure Nachkommen auf diese ungewöhnliche Weise zu retten." (Gen 45,4–7)

Verliert nur nicht den Mut! Wartet ab und seht zu, wie der Herr euch heute retten wird. Ihr werdet Zeugen sein, wie die Ägypter ihre größte Niederlage erleben. Der Herr selbst wird für euch kämpfen, ihr könnt ganz ruhig sein. (Ex 14,13 f)

So rettete der Herr an diesem Tag die Israeliten vor ihren Verfolgern. Als die Israeliten die Leichen am Strand liegen sahen, erkannten sie, daß der Herr die Ägypter durch seine große Macht vernichtet hatte. Das erfüllte sie mit Furcht und Staunen, und sie faßten festes Vertrauen zu ihm und seinem Diener Mose. (Ex 14,30 f)

Mose berichtete seinem Schwiegervater, was der Herr alles gegen den Pharao und die Ägypter getan hatte, um die Israeliten zu befreien, und wie er sie unterwegs aus allen Nöten und Gefahren gerettet hatte. (Ex 18,8)

Darauf sagten die beiden Engel zu Lot: „Der Herr hat uns hergeschickt, um diese Stadt zu vernichten. Es sind schwere Klagen über ihre Bewohner vor ihn gekommen. Nimm deine ganze Familie und führe sie aus der Stadt!" (Gen 19, 12 f)

Als die Morgenröte kam, drängten die Engel Lot zur Eile: „Schnell, nimm deine Frau und deine Töchter, sonst trifft die Strafe für diese Stadt auch euch!" Während Lot noch überlegte, ergriffen sie ihn und seine Angehörigen bei der Hand und führten sie aus der Stadt hinaus. Denn der Herr wollte Lot retten. (Gen 19,15 f)

Gottes Plan

„Daß der Pharao zweimal das gleiche geträumt hat, bedeutet: Gott ist fest entschlossen, seinen Plan unverzüglich auszuführen." (Josef zum Pharao – Gen 41,32)

„Ihr hattet Böses mit mir vor, aber Gott hat es zum Guten gewendet; denn er wollte auf diese Weise vielen Menschen das Leben retten. Das war sein Plan, und so ist es geschehen. Habt also keine Angst! Ich werde für euch und eure Kinder sorgen." (Josef zu seinen Brüdern – Gen 50,20 f)

Seinen verborgenen Plan kennt der Herr, unser Gott, allein; aber seinen Willen hat er uns und unseren Nachkommen für alle Zeiten klar und deutlich verkündet, damit wir stets nach den Geboten leben, die er uns in diesem Gesetzbuch gegeben hat. (Dtn 29,28)

Gottes Auftrag

Gott segnete seine Geschöpfe und sagte: „Vermehrt euch und füllt die Meere! Und ihr Vögel, vermehrt euch auf der Erde!“ (Gen 1,22)

Dann sagte Gott: „Nun wollen wir den Menschen machen, ein Wesen, das uns ähnlich ist! Er soll Macht haben über die Fische im Meer, über die Vögel in der Luft und über alle Tiere auf der Erde.“ (Gen 1,26)

Gott segnete die Menschen und sagte zu ihnen: „Vermehrt euch! Breitet euch über die Erde aus und nehmt sie in Besitz! Ich setze euch über die Fische, die Vögel und alle anderen Tiere und vertraue sie eurer Fürsorge an.“ Er fügte hinzu: „Ihr könnt die Früchte aller Pflanzen und Bäume essen; den Vögeln und Landtieren aber gebe ich Gras und Blätter zur Nahrung.“ (Gen 1,28 ff)

Gott, der Herr, brachte also den Menschen in den Garten Eden. Er übertrug ihm die Aufgabe, den Garten zu pflegen und zu schützen. (Gen 2,15)

Weiter sagte Gott zu ihm: „Du darfst von allen Bäumen des Gartens essen, nur nicht von dem Baum, dessen Früchte umfassendes Wissen verleihen. Sonst mußt du sterben.“ (Gen 2,16 f)

Zur Frau aber sagte er: „Du wirst viele Beschwerden haben, wenn du schwanger bist, und unter Schmerzen wirst du deine Kinder zur Welt bringen. Es wird dich zu deinem Mann hinziehen, aber er wird dein Herr sein.“ (Gen 3,16)

Gott segnete Noach und seine Söhne und sagte zu ihnen: „Vermehrt euch und bevölkert die Erde! Alle Tiere werden sich vor euch fürchten müssen: Landtiere, Wassertiere und Vögel. Ich gebe sie in eure Gewalt.“ (Gen 9,1 f)

Alle Tiere gebe ich euch als Nahrung. Nur Fleisch, in dem noch Blut ist, sollt ihr nicht essen; denn im Blut ist das Leben. Euer eigenes Blut darf auf keinen Fall vergossen werden. Ich wache darüber und fordere Leben für Leben, von Tier und Mensch. Wer einen Menschen tötet, der muß von Menschenhand sterben; denn der Mensch ist nach dem Bild Gottes geschaffen. Vermehrt euch und bevölkert die Erde! (Gen 9,3–7)

Der Herr sagte zu Abram: „Verlaß deine Heimat, deine Sippe und die Familie deines Vaters und zieh in ein Land, das ich dir zeigen werde!" (Gen 12,1)

Mose erwiderte: „Herr, nimm es mir nicht übel, aber ich habe noch nie gut reden können, und auch seit du mit mir sprichst, ist das nicht besser geworden. Ich bin im Reden viel zu schwerfällig und unbeholfen." Der Herr antwortete: „Wer hat dem Menschen den Mund gegeben? Wer macht den Menschen stumm oder taub? Wer macht ihn sehend oder blind? Ich bin es, der Herr! Genug jetzt, geh! Ich werde dir helfen und dir sagen, was du reden sollst." (Ex 4,10 ff)

Der Herr sagte zu Mose: „Ich werde in einer Wolke verborgen zu dir kommen, damit das Volk hören kann, wie ich mit dir rede. Dann wird es nie mehr daran zweifeln, daß ich dich beauftragt habe." (Ex 19,9)

Dann befahl er: „Geh jetzt und stell dich an die Spitze des Volkes! Sie sollen aufbrechen und das Land in Besitz nehmen, das ich ihren Vorfahren für sie zugesagt habe." (Dtn 10,11)

Ihr Israeliten! Der Herr, euer Gott, verlangt von euch nur das eine, daß ihr ihn ernst nehmt, seinen Weisungen folgt und ihn mit ganzem Herzen und mit allen Kräften liebt und ehrt. Lebt nach seinen Geboten und Anordnungen, die ich euch heute verkünde! Wenn ihr das tut, wird es euch gutgehen. (Dtn 10,12 f)

Gottes Verheißungen

Der Herr sagte zu Abram: „Verlaß deine Heimat, deine Sippe und die Familie deines Vaters und zieh in ein Land, das ich dir zeigen werde! Ich will dir viele Nachkommen schenken und dich zum Vater eines mächtigen Volkes machen." (Gen 12,1 f)

So wirst du in aller Welt geachtet sein; an dir wird sichtbar werden, was es bedeutet, wenn ich jemand segne. Allen, die dir und deinen Nachkommen Gutes wünschen, werde auch ich Gutes erweisen. Aber wenn einer euch Böses wünscht, dann trifft ihn mein Fluch. Alle Völker der Erde werden Glück und Segen erlangen, wenn sie dir und deinen Nachkommen wohlgesonnen sind. (Gen 12,2 f)

Dort erschien Abram der Herr und sagte zu ihm: „Dieses Land will ich deinen Nachkommen geben!" Da baute Abram dem Herrn einen Altar an der Stelle, wo er ihm erschienen war. (Gen 12,7)

Da sagte der Herr zu Abram: „Sieh dich nach allen Seiten um! Das ganze Land, das du von hier aus sehen kannst, will ich für immer dir und deinen Nachkommen geben. Ich will deine Nachkommen so zahlreich machen, daß niemand sie zählen kann; er müßte sonst den Staub auf der Erde zählen können! Durchzieh das ganze Land in allen Richtungen; es ist dein Besitz, ich gebe es dir." (Gen 13,14–17)

Der Herr erschien Abram und sagte zu ihm: „Erschrick nicht, Abram! Ich werde dich beschützen und reich belohnen." (Gen 15,1)

„Herr, mein Gott", erwiderte Abram, „womit willst du mich denn belohnen? Du hast mir keine Kinder gegeben, und ein Sklave, mein Hausverwalter Elieser aus Damaskus, wird mich beerben." „Nein", sagte der Herr, „du wirst einen Sohn bekommen; der soll dein Erbe sein." Er führte Abram aus dem Zelt. „Sieh die Sterne am Himmel!" sagte er. „Kannst du sie zählen? So unzählbar werden deine Nachkommen sein." (Gen 15,2–5)

Du selbst wirst ein hohes Alter erreichen und dann in Frieden sterben und begraben werden. (Gen 15,15)

Als Abram 99 Jahre alt war, erschien ihm der Herr und sagte

zu ihm: „Ich bin der Gott, der alle Macht hat. Richte dich stets nach meinem Willen und tu, was recht ist. Ich schließe mit dir einen Bund und gebe dir die feste Zusage: Du wirst unermeßlich viele Nachkommen haben.“ (Gen 17,1 f)

Abram warf sich zu Boden, und Gott sagte weiter zu ihm: „Ich verbürge mich dafür: Du wirst zum Vater zahlreicher Völker werden. Deshalb sollst du nicht mehr Abram heißen, sondern Abraham.“ (Gen 17,3 ff)

Meine Zusage gilt dir und deinen Nachkommen in jeder Generation; sie ist unumstößlich für alle Zeiten: Ich bin euer Gott und gebe euch das ganze Land Kanaan, in dem du jetzt als Fremder lebst. Für immer soll es deinen Nachkommen gehören; denn ich bin ihr Gott. (Gen 17,7 f)

Dann sagte Gott zu Abraham: „Deine Frau Sarai sollst du von jetzt an Sara nennen. Ich will sie segnen und dir auch durch sie einen Sohn schenken. Sie soll die Mutter ganzer Völker werden, und Könige sollen von ihr abstammen.“ (Gen 17,15 f)

Abraham neigte sein Gesicht zur Erde und lachte in sich hinein. ‚Ich bin hundert Jahre alt und Sara ist neunzig‘, dachte er, ‚wie sollen wir da noch ein Kind bekommen!‘ Er sagte zu Gott: „Wenn nur Ismael am Leben bleibt! Laß doch deine Zusage für ihn gelten!“ Aber Gott sagte: „Nein! Deine Frau Sara wird einen Sohn zur Welt bringen. Du sollst ihn Isaak nennen. Ihm und seinen Nachkommen gilt meine Zusage für alle Zeiten.“ (Gen 17,17 ff)

Während Jakob schlief, sah er im Traum eine breite Treppe, die von der Erde bis zum Himmel reichte. Engel kamen auf ihr zur Erde herunter, andere stiegen wieder zum Himmel hinauf. Der Herr selbst stand auf der Treppe und sagte zu ihm: „Ich bin der Herr, der Gott deiner Vorfahren Abraham und Isaak. Das Land, auf dem du liegst, will ich dir und deinen Nachkommen geben. Sie werden so unzählbar sein wie der Staub auf der Erde und sich nach allen Himmelsrichtungen ausbreiten.“ (Gen 28,11–14)

Jakob sagte zu Josef: „Der Gott, der alle Macht hat, erschien mir in Lus im Land Kanaan. Er segnete mich und sagte: ‚Ich will dir viele Nachkommen schenken und dich zu einer ganzen Schar von Völkern machen. Und dieses Land will ich deinen Nachkommen für alle Zeiten zum Besitz geben.' Das hat er mir zugesagt." (Gen 48,3 f)

Der Herr sagte zu Mose: „Ich werde euch Brot vom Himmel regnen lassen. Die Israeliten sollen vors Lager hinausgehen und so viel sammeln, wie sie für den Tag brauchen – aber nicht mehr, damit ich sehe, ob sie mir gehorchen. Am sechsten Tag sollen sie so viel sammeln, wie sie finden. Wenn sie es zubereiten, werden sie entdecken, daß es doppelt so viel ist, wie sie sonst gesammelt haben." (Ex 16,4 f)

Ehrt mich allein, den Herrn, euren Gott, dann werde ich dafür sorgen, daß es in eurem Land genug zu essen gibt und ihr reichlich Wasser habt. Ich werde auch alle Krankheiten von euch fernhalten. Es wird dann in eurem Land keine Frau geben, die eine Fehlgeburt hat oder kinderlos bleibt. Niemand wird vor der Zeit aus dem Leben gerissen werden. (Ex 23,25 f)

Ich werde die Völker, zu denen ihr kommt, in Verwirrung stürzen; alle eure Feinde werden vor euch die Flucht ergreifen. Panik werde ich vor euch her verbreiten und so die Hiwiter, Kanaaniter und Hetiter vertreiben. (Ex 23,27)

Dreimal im Jahr müssen alle Männer Israels zum Heiligtum des Herrn, ihres Gottes, kommen. Ihr braucht keine Angst zu haben, daß in dieser Zeit jemand in euer Land einfällt; denn ich werde alle fremden Völker vor euch vertreiben. (Ex 34,23 f)

Ich werde mich euch zuwenden und dafür sorgen, daß ihr viele Kinder bekommt und immer zahlreicher werdet. (Lev 26,9)

Ich werde dafür sorgen, daß in eurem Land Frieden herrscht. Wenn ihr euch schlafen legt, braucht ihr nicht zu befürchten, daß euch jemand aufschreckt. (Lev 26,6)

Mit dir will ich neu beginnen und deine Nachkommen zu einem Volk machen, das noch größer und stärker ist als sie. (Num 14,12)

Dieses ganze Land übergebe ich euch. Zieht hinein und nehmt es in Besitz! Es ist das Land, das ich euren Vorfahren Abraham, Isaak und Jakob mit einem Eid zugesagt habe, als bleibenden Besitz für sie und ihre Nachkommen. (Dtn 1,8)

Zum ganzen Volk sagte der Herr: „Eure kleinen Kinder, die noch nicht zwischen Gut und Böse unterscheiden können, die werden in das Land hineinkommen. Ihr habt gesagt: ‚Sie werden den Feinden in die Hände fallen' – aber gerade ihnen werde ich das Land geben, sie werden es in Besitz nehmen." (Dtn 1,39)

Von heute an sollen alle Völker der Erde vor euch zittern. Dafür werde ich sorgen. Was sie von euch hören, wird ihnen Angst und Schrecken einjagen. (Dtn 2,24 f)

Jedes dritte Jahr aber sollt ihr den zehnten Teil eurer Ernte in euren Ortschaften abliefern und dort in Vorratshäusern sammeln. Es ist der Lebensunterhalt für die Leviten, denn sie haben ja keinen Landbesitz; auch die Waisen und Witwen und die Fremden, die bei euch wohnen, sollen davon essen, damit sie keine Not leiden. Wenn ihr so handelt, wird der Herr alle eure Arbeit segnen. (Dtn 14,28 f)

Er wollte euch zeigen, daß er allein der wahre Gott ist und daß er Wort hält. Er steht zu seinem Bund und erweist seine Liebe bis in die tausendste Generation an denen, die ihn lieben und seine Gebote befolgen. (Dtn 7,9)

Siehe auch: Liebt den Herrn – Gottes Auftrag – Gottes Bund – Gottes Gebote – Der Segen des Gehorsams – Segen oder Verderben – Der Fluch des Ungehorsams

Gottes Bund

Ich werde eine Flut über die Erde hereinbrechen lassen, in der alles Leben umkommen soll. Weder Mensch noch Tier wird mit dem Leben davonkommen. Mit dir aber schließe ich meinen Bund und verspreche dir: Du sollt gerettet werden. (Gen 6, 17 f)

Weiter sagte Gott zu Noah und seinen Söhnen: „Ich schließe meinen Bund mit euch und euren Nachkommen und mit allen Tieren, die bei euch im Schiff waren und künftig auf der Erde leben werden. Ich verspreche euch: Ich will das Leben nicht noch ein zweites Mal vernichten. Die Flut soll nicht noch einmal über die Erde hereinbrechen. Diese Zusage, die ich euch und allen lebenden Wesen mache, soll für alle Zeiten gelten. Als Zeichen dafür setze ich meinen Bogen in die Wolken. Jedesmal, wenn ich Regenwolken über die Erde zusammenziehe und der Bogen in den Wolken erscheint, will ich an das Versprechen denken, das ich euch und allen lebenden Wesen gegeben habe. Wenn ich den Bogen in den Wolken sehe, soll er mich an den ewigen Bund erinnern, den ich mit euch geschlossen habe. Dieser Bogen", sagte Gott zu Noah, „es ist das Zeichen für den Bund, den ich jetzt mit allen lebenden Wesen schließe." (Gen 9,8–17)

Als Abram 99 Jahre alt war, erschien ihm der Herr und sagte zu ihm: „Ich bin der Gott, der alle Macht hat. Richte dich stets nach meinem Willen und tu, was recht ist. Ich schließe mit dir einen Bund und gebe dir die feste Zusage: Du wirst unermeßlich viele Nachkommen haben." (Gen 17,1 f)

Auch deine Bitte für Ismael will ich erfüllen: Ich werde ihn segnen und ihm zahlreiche Nachkommen schenken. Ich mache ihn zum Vater eines großen Volkes von zwölf Stämmen. Aber mein Bund gilt für Isaak, den dir Sara gebären wird. Übers Jahr um diese Zeit wird er zur Welt kommen. (Gen 17,20 f)

Gott sagte zu Mose: „Ich bin der Herr. Als der Gott, der alle Macht hat, bin ich Abraham, Isaak und Jakob erschienen; aber unter meinem Namen ‚der Herr' habe ich mich ihnen nicht zu erkennen gegeben. Ich habe meinen Bund mit ihnen geschlossen und ihnen das Land Kanaan zugesagt, in dem sie als Fremde lebten." (Ex 6,2 f)

Darauf sagte der Herr: „Ich will einen Bund mit euch schließen, und ich werde vor euren Augen Wunder vollbringen, wie man sie auf der Erde noch nie erlebt hat." (Ex 34,10)

Mit euch allen will der Herr heute seinen Bund schließen. Er erklärt hiermit feierlich, daß ihr sein Volk seid und er euer Gott ist, wie er euch das versprochen und wie er es euren Vorfahren Abraham, Isaak und Jakob mit einem Eid zugesichert hat. Er fordert euch auf, in diesen Bund einzuwilligen und die Verpflichtungen zu übernehmen, die darin eingeschlossen sind. (Dtn 29,11 f)

Der Herr, unser Gott, hat am Berg Horeb mit uns einen Bund geschlossen. Dieser Bund galt nicht nur unseren Vorfahren, die gestorben sind; er gilt uns allen, die wir heute lebendig hier stehen. (Dtn 5,2 f)

Aber nicht nur mit euch, die ihr heute vor dem Herrn, eurem Gott, steht, wird dieser Bund geschlossen, sondern zugleich mit euren Nachkommen, die noch nicht geboren sind. (Dtn 29,13 f)

Für alle Zeiten ist der Sabbat ein Zeichen des Bundes zwischen mir und den Israeliten. (Ex 31,16)

Ich werde zu meinem Bund stehen und alles erfüllen, was ich euch zugesagt habe. (Lev 26,9)

Ich stehe zu meinen Zusagen; ich bin der Herr, ihr Gott! Ich habe mit ihren Vorfahren meinen Bund geschlossen, damals, als ich allen Völkern meine Macht gezeigt und mein Volk aus Ägypten geführt habe, um ihr Gott zu sein. Dieser Bund bleibt bestehen; ich bin der Herr! (Lev 26,44 f)

Bleibt dem Bund treu, den der Herr mit euch schließt, und erfüllt alle eure Verpflichtungen; dann wird euch alles gelingen, was ihr tut. (Dtn 29,8)

Gottes Gebote

Er verkündete euch die Zehn Gebote als die Verpflichtungen, die sein Bund euch auferlegt, und schrieb sie auf zwei Steintafeln. Mir aber befahl er, euch alle Gebote und Rechtsbestimmungen einzuprägen, nach denen ihr in eurem Land leben sollt. (Dtn 4,13 f)

Dann gab Gott dem Volk seine Gebote. Er sagte:
I) Ich bin der Herr, dein Gott! Ich habe dich aus der Sklaverei in Ägypten befreit. Neben mir gibt es für dich keine anderen Götter. (Ex 20,1 ff)

II) Fertige dir kein Gottesbild an. Mach dir auch kein Abbild von irgend etwas im Himmel, auf der Erde oder im Meer. Wirf dich nicht vor fremden Göttern nieder und diene ihnen nicht. Denn ich, der Herr, dein Gott, verlange von dir ungeteilte Liebe. Wenn sich jemand von mir abwendet, dann bestrafe ich dafür auch seine Kinder, sogar noch seine Enkel und Urenkel. Wenn mich aber jemand liebt und meine Gebote befolgt, dann werde ich ihm und seinen Nachkommen Liebe und Treue erweisen über Tausende von Generationen hin. (Ex 20,46–6)

III) Mißbrauche nicht den Namen des Herrn, deines Gottes, denn der Herr wird jeden bestrafen, der das tut. (Ex 20,7)

IV) Vergiß nicht den Tag der Ruhe; er ist ein besonderer Tag, der dem Herrn gehört. Sechs Tage in der Woche hast du Zeit, um deine Arbeit zu tun. Der siebte Tag aber soll ein Ruhetag sein. An diesem Tag sollst du nicht arbeiten, auch nicht deine Kinder, deine Sklaven, dein Vieh oder der Fremde, der bei dir lebt. In sechs Tagen hat der Herr Himmel, Erde und Meer mit allem, was lebt, geschaffen. Am siebten Tag aber ruhte er. Deshalb hat er den siebten Tag der Woche gesegnet und zu seinem Tag erklärt. (Ex 20,8–11)

V) Ehre Vater und Mutter! Dann wirst du lange in dem Land leben, das dir der Herr, dein Gott, gibt. (Ex 20,12)

VI) Morde nicht! (Ex 20,13)

VII) Zerstöre keine Ehe! (Ex 20,14)

VIII) Beraube niemand seiner Freiheit und seines Eigentums! (Ex 20,15)

IX) Sage nichts Unwahres über deinen Mitmenschen! (Ex 20,16)

X) Suche nichts an dich zu bringen, was einem anderen gehört, weder seine Frau noch seine Sklaven, Rinder oder Esel, noch irgend etwas anderes, das ihm gehört. (Ex 20,17

Mose trat vor die versammelten Israeliten und gab ihnen die Gebote und Gesetze des Herrn bekannt. Sie antworteten einmütig: „Wir wollen alles tun, was der Herr uns befiehlt." (Ex 24,3)

Nun sagte der Herr zu Mose: „Steig zu mir auf den Berg herauf und bleib eine Zeitlang hier! Ich werde dir die Steintafeln geben, auf die ich meine Gebote geschrieben habe. Die Israeliten sollen genau wissen, was ich von ihnen verlange." (Ex 24,12)

Vierzig Tage und Nächte blieb Mose auf dem Berg beim Herrn, ohne zu essen und zu trinken. Er schrieb auf die Steintafeln die Grundregeln des Bundes zwischen Gott und seinem Volk, die Zehn Gebote. (Ex 34,28)

Ich verkünde euch jetzt die Gebote und Rechtsbestimmungen, die mir der Herr, mein Gott, für euch gegeben hat. Bewahrt und befolgt sie in dem Land, das ihr nun in Besitz nehmt. Dadurch werdet ihr unter den Völkern berühmt. Denn wenn die anderen Völker hören, nach was für Geboten ihr lebt, werden sie voll Achtung auf euch blicken und sagen: „Wie klug und einsichtig ist doch dieses große Volk!" (Dtn 4,5 f)

Kein anderes Volk hat so gute Gebote und Rechtsbestimmungen wie die, die ich euch heute gebe. (Dtn 4,8)

Hört nun die Gesetze, Gebote und Rechtsbestimmungen, die ich euch im Auftrag des Herrn, eures Gottes, verkünde. Sie sollen euer ganzes Leben bestimmen, wenn ihr das Land in Besitz genommen habt, in das ihr jetzt hinüberzieht. (Dtn 6,1)

Hört nun seine Gebote und befolgt sie! Dann wird eintreffen, was der Herr, der Gott eurer Vorfahren, euch versprochen hat: Es wird euch gutgehen und ihr werdet ein großes Volk werden in dem Land, in dem Milch und Honig fließen. (Dtn 6,3)

Mose rief alle Israeliten zusammen und sagte zu ihnen: „Ihr Leute von Israel, hört die Gebote und Weisungen des Herrn, die ich euch jetzt verkünde! Lernt sie auswendig und befolgt sie genau." (Dtn 5,1)

Der Herr, unser Gott, hat am Berg Horeb mit uns einen Bund geschlossen. Dieser Bund galt nicht nur unseren Vorfahren, die gestorben sind; er gilt uns allen, die wir heute lebendig hier stehen. (Dtn 5,2 f)

(I) Ich bin der Herr, dein Gott! Ich habe dich aus der Sklaverei in Ägypten befreit. Neben mir gibt es für dich keine anderen Götter. (Dtn 5,6 f)

Fertige dir keine Götterbilder an, kein Abbild von irgend etwas im Himmel, auf der Erde oder im Meer. Wirf dich nicht vor ihnen nieder und bete sie nicht an. (Dtn 5,8 f)

Denn ich, der Herr, dein Gott, verlange von dir ungeteilte Liebe. (Dtn 5,9)

Wenn sich jemand von mir abwendet, dann bestrafe ich dafür auch seine Kinder, sogar noch seine Enkel und Urenkel. (Dtn 5,9)

Wenn mich aber jemand liebt und meine Gebote befolgt, dann werde ich ihm und seinen Nachkommen Liebe und Treue erweisen über Tausende von Generationen hin. (Dtn 5,10)

(II) Mißbrauche nicht den Namen des Herrn, deines Gottes; denn der Herr wird jeden bestrafen, der das tut. (Dtn 5,11)

(III) Beachte den Tag der Ruhe! Halte ihn frei von Arbeit, wie es dir der Herr, dein Gott, befohlen hat. (Dtn 5,12)

Sechs Tage in der Woche hast du Zeit, um deine Arbeit zu tun. Der siebte Tag aber soll ein Ruhetag sein, der dem Herrn, deinem Gott, gehört. An diesem Tag sollst du nicht arbeiten, auch nicht deine Kinder, deine Sklaven, deine Rinder und Esel oder sonst eines deiner Tiere, und auch nicht der Fremde, der bei dir lebt. (Dtn 5,13 f)

An diesem Tag sollen deine Sklaven und Slavinnen genau so ausruhen können wie du. Denke daran, daß du selbst in Ägypten ein Sklave warst und der Herr, dein Gott, dich mit starker Hand und erhobenem Arm von dort in die Freiheit geführt hat. Deshalb befiehlt er dir, den Tag der Ruhe einzuhalten. (Dtn 5,14 f)

(IV) Ehre Vater und Mutter! So hat der Herr, dein Gott, es dir befohlen; und wenn du das tust, wirst du lange leben und es wird dir gutgehen in dem Land, das dir der Herr, dein Gott, gibt. (Dtn 5,16)

(V) Morde nicht! (Dtn 5,17)

(VI) Zerstöre keine Ehe! (Dtn 5,18)

(VII) Beraube niemand seiner Freiheit und seines Eigentums! (Dtn 5,19)

(VIII) Sage nichts Unwahres über deinen Mitmenschen! (Dtn 5,20)

(IX) Suche nicht die Frau eines anderen an dich zu bringen! (Dtn 5,21)

(X) Blicke nicht begehrlich auf das, was einem anderen gehört, sein Haus und seinen Grundbesitz, seine Sklaven, Rinder und Esel oder sonst irgend etwas, das ihm gehört! (Dtn 5,21)

Diese Gebote gab euch der Herr am Berg Horeb. Eure ganze Gemeinde war versammelt und hörte, wie er sie aus dem Feuer und der dunklen Wolke heraus mit lauter Stimme verkündete. (Dtn 5,22)

Vierzig Tage und Nächte blieb ich oben auf dem Berg, ohne

etwas zu essen und zu trinken. Am Ende dieser Zeit gab der Herr mir die beiden Tafeln. Er hatte mit eigener Hand die Worte darauf geschrieben, die er aus dem Feuer heraus zu euch gesprochen hatte, während ihr unten am Berg versammelt wart. (Dtn 9,9 ff)

Mose hat uns Gottes Gesetz gegeben,
den kostbarsten Besitz aller Nachkommen Jakobs. (Dtn 33,4)

Lebt nach meinen Weisungen

Jedesmal, wenn ihr die Quasten seht, sollen sie euch an meine Gebote erinnern. Sie sollen euch mahnen, daß ihr nach meinen Weisungen lebt und euch nicht von euren Gedanken und euren lüsternen Augen zum Ungehorsam verleiten laßt. Dann werdet ihr ein heiliges Volk sein, ein Volk, das seinem Gott ganz gehört. (Num 15,39 f)

Richtet euch nach allem, was ich, der Herr, euch gesagt habe! (Ex 23,13)

Befolgt genau die Gebote, die ich euch heute gebe. (Ex 34,11)

Nehmt meine Weisungen ernst: Ich bin der Herr, euer Gott! (Lev 19,14)

Richtet euch in allem nach meinen Geboten und Weisungen und befolgt sie. Ich bin der Herr! (Lev 19,37)

Richtet euch nach allen meinen Geboten und Weisungen und befolgt sie. Nur dann wird euch das Land nicht ausspucken, in das ich euch bringen will. (Lev 20,22)

Beachtet meine Gebote und befolgt sie. Ich bin der Herr! Entweiht nicht meinen heiligen Namen. Alle Israeliten sollen mich als den heiligen Gott anerkennen. Ich bin der Herr und habe euch als mein Volk ausgesondert. Ich habe euch aus Ägypten geführt, um euer Gott zu sein. Ich bin der Herr! (Lev 22,31 ff)

Nehmt meine Weisungen ernst und sorgt dafür, daß euer Bruder neben euch leben kann. Ich bin der Herr, euer Gott, der euch aus Ägypten geführt hat, um euch das Land Kanaan zu geben und euer Gott zu sein. (Lev 25,37 f)

Beachtet seine Anordnungen genau und hütet euch, irgend etwas daran zu verändern. Fügt nichts hinzu und nehmt nichts davon weg. (Dtn 4,2)

Sage ihnen, sie sollen in ihre Zelte zurückkehren. Du aber tritt her zu mir! Ich will dir alle die Gesetze, Gebote und Rechtsbestimmungen sagen, die du ihnen einprägen sollst und nach denen sie leben sollen in dem Land, das ich ihnen gebe. (Dtn 5,30 f)

Vergeßt nie seine Gebote, die ich euch heute verkünde. Schärft sie euren Kindern ein und sagt sie euch immer wieder vor – zu Hause und auf Reisen, wenn ihr euch schlafen legt und wenn ihr erwacht. (Dtn 6,6 f)

Wenn wir alles genau befolgen, was der Herr, unser Gott, uns befohlen hat, dann können wir vor ihm bestehen. (Dtn 6,24 f)

Das ganze Gesetz, das ich euch heute verkünde, sollt ihr sorgfältig befolgen, damit ihr am Leben bleibt und euch vermehrt und das Land in Besitz nehmen könnt, das der Herr euren Vorfahren mit einem Eid zugesagt hat. (Dtn 8,1)

Prägt euch die Gebote ein, die ich euch heute gebe, und haltet sie euch immer gegenwärtig. Bindet sie euch zur ständigen Erinnerung an den Arm und auf die Stirn. Schärft sie euren Kindern ein und sagt sie euch immer wieder vor – zu Hause und auf Reisen, wenn ihr euch schlafen legt und wenn ihr erwacht. Schreibt sie auf die Türpfosten eurer Häuser und auf die Tore eurer Städte. Dann werdet ihr und eure Nachkommen in dem Land, das der Herr euren Vorfahren für euch zugesagt hat, wohnen bleiben, solange der Himmel sich über der Erde wölbt. (Dtn 11,18–21)

Der Herr, euer Gott, befiehlt euch heute, euer Leben nach diesen Geboten und Rechtsbestimmungen auszurichten. Befolgt sie mit ganzem Herzen und mit allen euren Kräften. Der Herr hat euch heute die Zusicherung gegeben, daß er euer Gott sein will, wenn ihr auf ihn hört und alle seine Gebote, Weisungen und Rechtsbestimmungen stets genau beachtet. (Dtn 26,16 f)

Das Gesetz ist nicht zu schwer

Das Gesetz, das ich euch heute gebe, ist nicht zu schwer für euch und auch nicht unerreichbar fern. Es schwebt nicht über den Wolken, so daß ihr fragen müßtet: „Wer steigt in den Himmel und holt es herab, damit wir es kennenlernen und dann befolgen können?" Es ist auch nicht am Ende der Welt, so daß ihr fragen müßtet: „Wer fährt übers Meer und holt es herbei, damit wir es kennenlernen und dann befolgen können?" Nein, es ist euch ganz nahe. Ihr habt es euch eingeprägt und könnt es jederzeit hersagen. Aber ihr müßt es auch befolgen! (Dtn 30,11–14)

Wie der Herr es bestimmt

Noah tat alles, was Gott ihm befohlen hatte. Dann sagte der Herr zu ihm: „Geh mit deiner Familie in das Schiff! Du bist der einzige unter den Menschen, der vor mir bestehen kann." (Gen 6,22–7,1; 7,5)

Abram folgte dem Befehl des Herrn. Er war 75 Jahre alt, als er seine Heimatstadt Haran verließ. (Gen 12,4 f)

Ich habe ihn (Abraham) ausgewählt, damit er seine Nachkommen dazu anhält, meinen Geboten zu folgen, er soll sie lehren, zu tun, was recht ist, so daß ich meine Zusage an ihn einlösen kann. (Gen 18,19)

Laben und Betuel erwiderten: „Das hat der Herr gefügt! Wir

können seine Entscheidung nur annehmen. Hier ist Rebekka, nimm sie mit! Sie soll den Sohn deines Herrn heiraten, wie der Herr es bestimmt hat." (Gen 24,50 f)

Der König von Ägypten ließ die beiden hebräischen Hebammen Schifra und Pua rufen und befahl ihnen: „Wenn ihr den hebräischen Frauen bei der Geburt beisteht, dann achtet darauf, ob sie einen Sohn oder eine Tochter zur Welt bringen. Die männlichen Nachkommen müßt ihr sofort umbringen, nur die Mädchen dürft ihr am Leben lassen." Die Hebammen aber gehorchten Gott und befolgten den Befehl des Königs nicht. Sie ließen auch die Söhne am Leben. (Ex 1,15 ff)

So vermehrten sich die Israeliten auch weiterhin und wurden immer mächtiger. Gott aber ließ es den Hebammen gutgehen. Weil sie ihm gehorcht hatten, schenkte er ihnen zahlreiche Nachkommen. (Ex 1,20 f)

Mose und Aaron folgten genau den Anweisungen des Herrn. (Ex 7,6)

Die Israeliten warfen sich anbetend vor dem Herrn nieder. Dann gingen sie und taten alles genauso, wie der Herr es Mose und Aaron befohlen hatte. (Ex 12,27 f)

Die Israeliten befolgten alles, was der Herr ihnen durch Mose befohlen hatte. An jenem Tag führte der Herr die Israeliten in geordneten Scharen aus Ägypten weg. (Ex 12,50 f)

Mose trat vor die versammelten Israeliten und gab ihnen die Gebote und Gesetze des Herrn bekannt. Sie antworteten einmütig: „Wir wollen alles tun, was der Herr uns befiehlt." (Ex 24,3)

Dann nahm Mose das Buch, in dem er das Bundesgesetz aufgeschrieben hatte, und las es den Israeliten laut vor. Sie versprachen: „Wir werden alles gehorsam tun, was der Herr uns befiehlt." (Ex 24,7)

Die Israeliten hatten alles genauso ausgeführt, wie der Herr es ihnen durch Mose befohlen hatte. Mose prüfte alles, und als er sah, daß es genau den Anforderungen des Herrn entsprach, erteilte er den Israeliten den Segen. (Ex 39,42 f)

Die Israeliten machten alles, wie der Herr es Mose befohlen hatte. (Num 1,54; 2,34)

Die Israeliten brachen auf und machten Halt genau nach dem Befehl des Herrn. Blieb die Wolke längere Zeit über dem Zelt, so folgten die Israeliten der Weisung des Herrn und machten einen längeren Aufenthalt. Blieb sie nur wenige Tage, so zogen sie entsprechend früher weiter, jeweils nach der Weisung des Herrn. (Num 9,18 ff)

Ob die Wolke nur eine Nacht blieb oder einen ganzen Tag oder zwei Tage oder auch einen Monat, stets richteten die Israeliten die Dauer ihres Aufenthaltes nach der Wolke. Sie blieben oder brachen auf, wie der Herr es befahl. So befolgten sie die Anweisung, die der Herr Mose gegeben hatte. (Num 9,21 ff)

Bileam antwortete ihnen: „Balak mag mir alles Silber und Gold geben, das er besitzt – gegen den Befehl des Herrn, meines Gottes, kann ich auch nicht den kleinsten Schritt tun." (Num 22,18)

„Jetzt bin ich ja hier!" erwiderte Bileam. „Aber ich weiß nicht, ob ich deinen Wunsch erfüllen kann. Ich kann nur sagen, was Gott mir zu sagen befiehlt." (Num 22,38)

Empört rief Balak: „Warum hast du mir das angetan? Ich habe dich holen lassen, damit du meine Feinde verfluchst, und nun segnest du sie!" Aber Bileam erwiderte: „Ich kann nichts anderes sagen, als was der Herr mir in den Mund legt." (Num 23,11 f)

König Balak rief: „Wenn du sie schon nicht verfluchen kannst, dann brauchst du sie doch nicht gleich zu segnen!" Aber Bileam erwiderte: „Ich habe dir doch gesagt: ich werde genau das sagen, was der Herr mir aufträgt." (Num 23,25)

Bileam erwiderte: „Ich habe doch gleich zu deinen Boten gesagt: ‚Auch wenn König Balak mir alles Silber und Gold gibt, das er besitzt – ich kann nur tun, was der Herr mir aufträgt. Ich verteile Fluch und Segen nicht nach meinem eigenen Willen. Ich muß sagen, was der Herr mir befiehlt.'" (Num 24,12 f)

Der Wille Gottes wird von Gad vollstreckt;
zusammen mit dem ganzen Israel
bringt er das Recht des Herrn zur Geltung. (Dtn 33,21)

„Kein Mensch kann diese Jakobsleute zählen,
wie Staub bedecken sie die Erde,
die Scharen Israels, die vielen tausend.
Sie sind ein Volk, das Gottes Willen tut." (Bileam – Num 23,10)

Der Segen des Gehorsams

Noch einmal rief der Engel des Herrn vom Himmel und sagte zu Abraham: „Ich, der Herr, schwöre bei mir selbst: Du hast mir gehorcht und warst sogar bereit, mir deinen einzigen Sohn zu geben. Deshalb will ich dich reich beschenken und deine Nachkommen so zahlreich werden lassen wie die Sterne am Himmel oder die Sandkörner am Meeresstrand. Sie werden ihre Feinde besiegen und deren Städte erobern. Bei allen Völkern der Erde wird man dann zueinander sagen: ‚Gott segne dich wie die Nachkommen Abrahams!' Das ist die Belohnung dafür, daß du meinem Befehl gehorcht hast." (Gen 22,15–18)

Bei allen Völkern der Erde wird man dann zueinander sagen: ‚Gott segne dich wie die Nachkommen Isaaks!' Das ist mein Lohn dafür, daß Abraham meinem Befehl gehorcht und alle meine Gebote und Weisungen befolgt hat. (Gen 26,4 f)

An diesem Ort gab Gott den Israeliten Gesetze und stellte ihren Gehorsam auf die Probe. Er sagte zu ihnen: „Achtet genau auf das, was ich, euer Gott, euch sage, und handelt danach! Befolgt alle meine Anordnungen und Gebote und tut, was ich für recht erklärt habe. Dann werde ich euch keine von den Krankheiten schicken, mit denen ich die Ägypter geplagt habe. Ich, der Herr, bin euer Arzt.“ (Ex 15,25 f)

Wenn ihr dem Engel aufs Wort gehorcht und alles tut, was ich euch durch ihn sage, werde ich eure Feinde niederwerfen und jeden in die Enge treiben, der euch bedrängt. (Ex 23,22)

Das ganze Volk, das sich um dich schart, soll meine Taten sehen. Furcht- und staunenerregend werden die Wunder sein, die ich für euch tun will. Befolgt genau die Gebote, die ich euch heute gebe. (Ex 34,11)

Gehorcht meinen Geboten und richtet euch nach meinen Weisungen, dann werdet ihr ruhig und sicher in eurem Land leben können, und das Land wird so viel hervorbringen, daß ihr genug zu essen habt. (Lev 25,18 f)

Wenn ihr euch nach meinen Anweisungen richtet und meine Gebote befolgt, werde ich euch mit Segen überschütten. Ich werde zur rechten Zeit Regen schicken, so daß die Felder reichen Ertrag bringen und die Bäume Früchte tragen. Ihr werdet dann so viel ernten, daß die Dreschzeit sich bis zur Weinlese ausdehnt und die Weinlese bis zur nächsten Aussaat. Ihr werdet genügend zu essen haben und sicher in eurem Land wohnen. (Lev 26,3 ff)

Und nun, ihr Israeliten, werde ich euch die Gebote und Rechtsbestimmungen des Herrn verkünden. Befolgt sie, dann werdet ihr am Leben bleiben und das Land in Besitz nehmen, das der Herr euren Vorfahren zugesagt hat und das er euch geben will. (Dtn 4,1)

Und ihr sollt nach seinen Geboten und Weisungen leben, die ich euch heute verkünde. Dann wird es euch und euren Nachkommen gutgehen, und ihr werdet für immer in dem Land bleiben, das der Herr, euer Gott, euch geben wird. (Dtn 4,40)

Wenn mich aber jemand liebt und meine Gebote befolgt, dann werde ich ihm und seinen Nachkommen Liebe und Treue erweisen über Tausende von Generationen hin. (Dtn 5,10)

Wenn sie nur immer so gesinnt bleiben! Wenn sie mich nur immer so ernst nehmen und meine Gebote befolgen! Dann wird es ihnen und ihren Nachkommen stets gutgehen. (Dtn 5,29)

Verstoßt gegen keines seiner Gebote! Geht nicht von dem Weg ab, den er euch gewiesen hat. Dann werdet ihr am Leben bleiben, es wird euch gutgehen, und ihr werdet immer in dem Land wohnen können, das ihr jetzt in Besitz nehmt. (Dtn 5,33)

Nehmt den Herrn, euren Gott, ernst, ihr und alle eure Nachkommen! Befolgt stets seine Anweisungen, die ich euch heute sage. Dann wird er euch ein langes Leben schenken. (Dtn 6,2)

Gehorcht seinen Befehlen, beachtet sorgfältig die Gebote und Weisungen, die er euch gegeben hat, und tut, was er für recht und gut erklärt hat. Dann wird es euch gutgehen und ihr werdet das gute Land in Besitz nehmen, das der Herr euren Vorfahren versprochen hat. Ihr werdet dann alle eure Feinde aus dem Land vertreiben, wie er es zugesagt hat. (Dtn 6,17 ff)

Gott steht zu seinem Bund und erweist seine Liebe bis in die tausendste Generation an denen, die ihn lieben und seine Gebote befolgen. (Dtn 7,8 f)

Wenn ihr dem Herrn, eurem Gott, treu bleibt und auf seine Gebote hört und sie befolgt, wird auch er treu sein und zu den Zusagen stehen, die er euren Vorfahren gegeben hat. Er wird euch seine Liebe und Güte erweisen und seinen Segen über euch ausschütten. (Dtn 7,12 f)

Er wird euch zahlreich werden lassen und euren Wohlstand mehren in dem Land, das er euch geben wird, wie er es euren Vorfahren geschworen hat. (Dtn 7,13)

Er wird euch viele Kinder schenken und reiche Ernten an Getreide, Wein und Öl; eure Rinder, Schafe und Ziegen wird er vermehren. (Dtn 7,13)

Kein anderes Volk wird so reich gesegnet sein wie ihr. Es wird bei euch keine Kinderlosigkeit geben, weder bei Menschen noch bei Tieren. (Dtn 7,14)

Der Herr wird euch vor allen Krankheiten schützen, er wird die bösen Seuchen von euch fernhalten, die ihr aus Ägypten kennt, und wird sie eure Feinde treffen lassen. (Dtn 7,15)

Wenn ihr auf den Herrn, euren Gott, hört und alle seine Weisungen befolgt, die ich euch verkünde, wird es allerdings gar keine Armen unter euch geben. Dann wird der Herr euch genug zum Leben schenken in dem Land, das er euch gibt. Er wird sein Versprechen halten und euer Land segnen. Ihr werdet so viel haben, daß ihr davon noch an andere Völker ausleihen könnt, doch ihr selbst braucht nichts zu borgen. (Dtn 15,4 ff)

Wenn ihr auf den Herrn, euren Gott, hört und alle seine Gebote, die ich euch heute verkünde, sorgfältig befolgt, wird er euch hoch über alle Völker der Erde erheben. Die ganze Fülle seines Segens wird euch dann zuteil werden. (Dtn 28,1 f)

In der Stadt und auf dem Feld schenkt er euch Gedeihen: gesunde Kinder gibt er euch und reiche Ernten; eure Rinder, Schafe und Ziegen werden sich vermehren, Korb und Backtrog nicht leer werden. (Dtn 28,3 ff)

Das Glück wird euch begleiten, wenn ihr auszieht und wenn ihr wieder heimkehrt. (Dtn 28,6)

Wenn sich Feinde gegen euch erheben, wird der Herr sie vor euch zu Boden werfen. Auf einem Weg werden sie gegen euch anrücken und auf sieben nach allen Richtungen vor euch fliehen. (Dtn 28,7)

Der Herr wird eure Vorratshäuser füllen und euch alles gelingen lassen, was ihr tut. In allem wird er euch segnen in dem Land, das er euch geben wird. (Dtn 28,8)

Der Herr, euer Gott, wird euch zu einem Volk machen, das ausschließlich ihm gehört, so wie er es euch mit einem Eid zugesichert hat – wenn ihr nur seine Gebote beachtet und euer Leben danach ausrichtet. (Dtn 28,9)

Der Herr wird euch viele Kinder geben, er wird euer Vieh vermehren und euch reiche Ernten bescheren, so daß ihr in Wohlstand lebt in dem Land, das er euren Vorfahren mit einem Eid für euch zugesichert hat. (Dtn 28,11)

Er wird seine himmlischen Vorratskammern öffnen und Regen auf euer Land herabsenden zur rechten Zeit, damit eure Arbeit Frucht trägt. Ihr werdet so viel haben, daß ihr davon noch anderen Völkern ausleihen könnt, ihr selbst aber braucht nichts zu borgen. (Dtn 28,12)

Der Herr wird euch zum ersten unter den Völkern machen, ihr werdet unaufhaltsam immer weiter aufsteigen. Ihr müßt nur die Gebote des Herrn, eures Gottes, befolgen, auf die ich euch heute verpflichte. Ihr dürft niemals abweichen von dem Weg, den ich euch weise; ihr dürft nicht hinter anderen Göttern herlaufen und ihnen dienen. (Dtn 28,13 f)

Ich stelle euch heute vor die Wahl zwischen Glück und Unglück, zwischen Leben und Tod. Wenn ihr die Gebote des Herrn, eures Gottes, befolgt, die ich euch heute verkündet habe, wenn ihr den Herrn liebt und seinen Weisungen folgt, seine Anordnungen, Gebote und Rechtsbestimmungen genau beachtet, werdet ihr am Leben bleiben und immer zahlreicher werden. Der Herr, euer Gott, wird euch dann segnen in dem Land, das ihr jetzt in Besitz nehmt. (Dtn 30,15 f)

Segen oder Verderben

Ich, der Herr, dein Gott, verlange von dir ungeteilte Liebe. Wenn sich jemand von mir abwendet, dann bestrafe ich dafür auch seine Kinder, sogar noch seine Enkel und Urenkel. Wenn mich aber jemand liebt und meine Gebote befolgt, dann werde ich ihm und seinen Nachkommen Liebe und Treue erweisen über Tausende von Generationen hin. (Ex 20,5 f)

Ihr habt mit eigenen Augen gesehen, was der Herr, euer Gott, beim Berg Pegor getan hat: er hat alle unter euch umgebracht, die sich dort mit dem Götzen Baal einließen. Ihr aber seid am Leben geblieben, weil ihr treu zum Herrn, eurem Gott, gehalten habt. (Dtn 4,3 f)

Ich stelle euch heute vor die Wahl: wollt ihr Segen oder Fluch? Der Segen wird euch zuteil, wenn ihr die Weisungen des Herrn, eures Gottes, die ich euch heute verkünde, befolgt. Der Fluch trifft euch, wenn ihr sie mißachtet, den rechten Weg, den ich euch zeige, verlaßt und euch anderen Göttern zuwendet, von denen ihr bisher nichts gewußt habt. (Dtn 11,26 ff)

Ich habe euch klar und deutlich gesagt, daß Gehorsam euch Segen bringt, Ungehorsam aber Verderben. (Dtn 30,1)

Der Herr steht zu seinen Zusagen

Ich stehe zu meinen Zusagen; ich bin der Herr, ihr Gott! (Lev 26,44)

Wenn ihr dem Herrn, eurem Gott, treu bleibt und auf seine Gebote hört und sie befolgt, wird auch er treu sein und zu den Zusagen stehen, die er euren Vorfahren gegeben hat. (Dtn 7,12)

Und er hat es getan, weil er zu den Zusagen steht, die er euren Vorfahren gegeben hat, wie ihr das heute sehen könnt. (Dtn 8,18)

Der Herr vergaß Sara nicht: er schenkte ihr, was er versprochen hatte. Sie wurde schwanger und gebar Abraham noch in seinem Alter einen Sohn. Das geschah um die Zeit, die Gott angegeben hatte. (Gen 21,1 f)

Abraham war bei Isaaks Geburt 100 Jahre alt. Sara aber sagte: „Gott hat dafür gesorgt, daß ich lachen kann.“ (Gen 21,5 f)

Abraham war sehr alt geworden. Der Herr hatte ihn reich gemacht und ihm alles gelingen lassen. (Gen 24,1)

Der Knecht kniete nieder und betete: „Dank sei dir, Herr, du Gott meines Herrn Abraham! Du hast seinen Wunsch erfüllt, du denkst an die Zusage, die du ihm gegeben hast!" (Gen 24,26 f)

Dann betete Jakob: „Gott meines Großvaters Abraham und meines Vaters Isaak! Du hast zu mir gesagt: ‚Kehr in deine Heimat und zu deiner Familie zurück; ich beschütze dich und lasse es dir gutgehen.' Herr, ich bin es nicht wert, daß du mir so viel Gutes getan und deine Zusage wahrgemacht hast." (Gen 32,10 f)

Als die Israeliten am sechsten Tag die gesammelte Menge abmaßen, ergab sich: Es war doppelt so viel wie an den anderen Tagen. Die führenden Männer der Gemeinde kamen zu Mose und berichteten es ihm. Er sagte zu ihnen: „Damit ist genau das eingetroffen, was der Herr angekündigt hat." (Ex 16,22 f)

„Hör mir gut zu jetzt, Balak, Zippors Sohn!
Du darfst nicht meinen, Gott sei wie ein Mensch!
Er lügt nicht, und er ändert niemals seinen Sinn.
Denn alles, was er sagt, das tut er auch.
Verspricht er etwas, hält er es gewiß." (Bileam – Num 23,18 f)

Von den Männern, die Mose und Aaron bei der ersten Volkszählung in der Wüste Sinai erfaßt hatten, lebte niemand mehr. Denn der Herr hatte zu ihnen gesagt, daß sie alle in der Wüste sterben müßten. Und so war es auch eingetroffen. (Num 26,64 f)

Seit unserem Aufbruch aus Kadesch-Barnea waren damals 38 Jahre vergangen. In dieser Zeit waren alle wehrfähigen Männer jener Generation gestorben, wie der Herr es als Strafe über sie verhängt hatte. (Dtn 2,14)

Wenn das geschehen ist und der Herr sie vor euch vertrieben hat, dann laßt euch nicht einfallen zu sagen: „Das ist der Lohn für unseren Gehorsam! Weil wir so vorbildlich gelebt haben, hat der Herr uns in dieses Land gebracht." Nein, der Herr gibt euch dieses Land nicht etwa, weil ihr ihm treu gewesen wärt. Wenn er diese Völker vor euch vertreibt, dann tut er es wegen ihrer Verworfenheit und weil er es euren Vorfahren Abraham, Isaak und Jakob mit einem Eid versprochen hat. (Dtn 9,4 f)

Ihr habt Grund, den Herrn, euren Gott, zu rühmen und zu preisen; denn ihr habt mit eigenen Augen gesehen, was für große und schreckenerregende Taten er für euch getan hat. Als eure Vorfahren nach Ägypten zogen, waren sie nur siebzig Leute, und jetzt hat der Herr euch zu einem Volk gemacht, das so zahlreich ist wie die Sterne am Himmel. (Dtn 10,21 f)

Ihr habt erlebt, wie er in Ägypten über den Pharao und sein ganzes Land die schlimmsten Plagen hereinbrechen ließ und wie er das Heer der Ägypter, die euch nachjagten, vernichtet hat; mit ihren Pferden und Streitwagen versanken sie in den Fluten des Schilfmeeres, und ihre Macht ist gebrochen bis zum heutigen Tag. (Dtn 11,3 f)

Ihr habt mit eigenen Augen alle diese großen Taten gesehen, die der Herr vollbracht hat. (Dtn 11,7)

„Herr, ich bin es nicht wert, daß du mir so viel Gutes getan und deine Zusage wahrgemacht hast.“ (Jakob – Dtn 32,11)

An keinem handelt er mit Trug und Tücke,
er steht zu seinem Wort, denn er ist treu! (Dtn 32,4)

Siehe auch: Gott ist treu und gerecht.

Gott stellt Proben

Als Isaak größer geworden war, wollte Gott Abraham auf die Probe stellen. „Abraham!“ rief er. „Ja, ich höre“, erwiderte Abraham. „Nimm deinen Sohn“, sagte Gott, „deinen einzigen, der dir ans Herz gewachsen ist, den Isaak! Geh mit ihm ins Land Morija auf einen Berg, den ich dir nennen werde, und bringe ihn mir dort als Brandopfer dar.“ (Gen 22,1 f)

An diesem Ort gab Gott den Israeliten Gesetze und stellte ihren Gehorsam auf die Probe. (Ex 15,25)

Da sagte Mose zum Volk: „Ihr müßt keine Angst haben. Gott ist nur gekommen, um euch auf die Probe zu stellen. Er will, daß ihr ihn ehrt und euch davor hütet, ihm ungehorsam zu sein.“ (Ex 20,20)

Vergeßt nicht, wie der Herr, euer Gott, euch vierzig Jahre lang in der Wüste umherziehen ließ, um euren Trotz zu brechen, aber auch um euer Herz zu prüfen und zu sehen, ob ihr seinen Weisungen folgen würdet oder nicht. (Dtn 8,2)

Um euren Trotz zu brechen, ließ er euch hungern; aber dann gab er euch das Manna zu essen, von dem ihr und eure Vorfahren bis dahin nichts gewußt hattet. Damit wollte er euch zeigen, daß es nicht Brot sein muß, wovon der Mensch lebt, sondern daß ihr von allem leben könnt, was Gott euch durch sein Wort gibt. (Dtn 8,3)

Aus dem härtesten Felsen ließ er eine Quelle entspringen, mitten in der Wüste gab er euch Manna zu essen, von dem eure Vorfahren noch nichts wußten. Er ließ euch Hunger und Durst leiden, um euren Trotz zu brechen und euch auf die Probe zu stellen; aber danach gab er euch, was ihr zum Leben brauchtet. (Dtn 8,15 f)

Der Herr, euer Gott, will euch nur auf die Probe stellen. Er möchte wissen, ob ihr ihn mit ganzem Herzen und mit allen Kräften liebt. (Dtn 13,4)

Dem Herrn vertrauen

Abram vertraute auf die Zusage des Herrn, und so fand er Gottes Anerkennung. (Gen 15,6)

Abraham packte seinem Sohn die Holzscheite auf den Rükken; er selbst nahm das Becken mit den glühenden Kohlen und das Messer. So gingen die beiden miteinander. Nach einer Weile sagte Isaak: „Vater!“ „Ja, mein Sohn!“ „Feuer und Holz haben wir, aber wo ist das Lamm für das Opfer?“ „Gott wird schon für ein Opferlamm sorgen!“ (Gen 22,6 ff)

Als sie auf den Berg kamen, baute Abraham einen Altar und schichtete die Holzscheite auf. Dann fesselte er Isaak und legte ihn auf den Altar, oben auf den Holzstoß. Schon faßte er nach dem Messer, um seinen Sohn zu schlachten, da rief der Engel des Herrn vom Himmel her: „Abraham! Abraham!“ „Ja, ich höre!“ „Halt ein! Tu dem Jungen nichts zuleide! Jetzt weiß ich, daß du Gott gehorsam bist. Du warst bereit, mir sogar deinen einzigen Sohn zu opfern.“ (Gen 22,9–12)

Die Israeliten faßten Vertrauen. Sie begriffen, daß der Herr ihre Unterdrückung gesehen hatte und ihnen helfen wollte. Da warfen sie sich anbetend vor dem Herrn nieder. (Ex 4,31)

So rettete der Herr an diesem Tag die Israeliten vor ihren Verfolgern. Als die Israeliten die Leichen am Strand liegen sahen, erkannten sie, daß der Herr die Ägypter durch seine große Macht vernichtet hatte. Das erfüllte sie mit Furcht und Staunen, und sie faßten festes Vertrauen zu ihm und seinem Diener Mose. (Ex 14,30 f)

Nur meinen Diener Kaleb will ich in das Land bringen, das er erkundet hat; seine Nachkommen sollen dort leben. Denn in ihm war ein anderer Geist, er ließ sich nicht beirren und hat mir vertraut. (Num 14,24)

Aber der Herr sagte zu Mose und Aaron: „Ihr habt mir nicht vertraut und wolltet mir keine Gelegenheit geben, mich vor den Israeliten als der heilige und mächtige Gott zu erweisen. Darum könnt ihr dieses Volk nicht bis in das Land führen, das ich ihnen versprochen habe.“ (Num 20,12)

Damals wurde der Herr zornig und schwor: „Weil sie meiner Führung nicht vertraut haben, wird keiner der Männer, die aus Ägypten gezogen und jetzt 20 Jahre oder älter sind, das Land sehen, das ich Abraham, Isaak und Jakob mit einem Eid versprochen habe. Nur Kaleb, der Sohn Jefunnes aus der Sippe

Kenas, und Josua, der Sohn Nuns, werden hineinkommen.“ Diese beiden hatten dem Herrn völlig vertraut. So traf der Zorn des Herrn die Israeliten, und er ließ sie vierzig Jahre in der Wüste umherziehen, bis alle gestorben waren, die seinen Zorn erregt hatten. (Num 32,10–13)

Gott war vor euch hergezogen, um die Lagerplätze auszusuchen und euch den Weg zu zeigen, bei Tag in einer Wolke und bei Nacht in einer Feuersäule. Aber nun, so kurz vor dem Ziel, hattet ihr kein Vertrauen mehr zum Herrn, eurem Gott. (Dtn 1,32 f)

Als der Herr hörte, was ihr da sagtet, wurde er zornig und schwor: „Keiner von diesen Männern, keiner aus dieser ganzen widerspenstigen Generation wird das gute Land zu sehen bekommen, das ich euren Vorfahren zugesagt habe. Nur Kaleb, der Sohn Jefunnes, wird das Land betreten; ihm und seinen Nachkommen gebe ich das Gebiet, das er erkundet hat. Denn er ließ sich nicht beirren und hat mir vertraut.“ (Dtn 1,34 ff)

Zweifel an Gott

Mose wandte sich an den Herrn und sagte: „Herr, warum handelst du so schlecht an deinem Volk? Wozu hast du mich überhaupt hierhergeschickt? Seitdem ich zum Pharao gegangen bin und ihm deinen Befehl überbracht habe, hat er das Volk nur noch mehr mißhandelt. Und du hast nichts getan, um dein Volk zu retten!“ (Ex 5,22 f)

Als die Israeliten sahen, wie der Pharao mit seinem Heer heranrückte, packte sie die Angst, und sie schrien zum Herrn um Hilfe. (Ex 14,10)

Das Volk beklagte sich beim Herrn darüber, daß es so viel entbehren müsse. Als der Herr das hörte, wurde er zornig und schickte ein Feuer, das vom Rand des Lagers her um sich griff. (Num 11,1)

Mose hörte die Leute klagen. Überall standen sie in Gruppen vor ihren Zelten. Er war verärgert, denn er wußte, daß sie damit den Zorn des Herrn erregten. Er sagte zum Herrn: „Warum tust du mir, deinem Diener, dies alles an? Womit habe ich es verdient, daß du mir eine so undankbare Aufgabe übertragen hast? Dieses Volk liegt auf mir wie eine drückende Last." (Num 11,10 f)

Ich allein kann dieses ganze Volk nicht tragen, die Last ist mir zu schwer. Wenn du sie mir nicht erleichtern willst, dann hab wenigstens Erbarmen mit mir und töte mich, damit ich nicht länger diese Qual ausstehen muß. (Num 11,14 f)

Der Herr hat gehört, wie ihr vor ihm gejammert habt: Wer gibt uns Fleisch? In Ägypten hatten wir es so gut! Ihr sollt euer Fleisch bekommen, der Herr wird es euch geben. Und das nicht nur einen Tag oder zwei, auch nicht fünf, zehn oder zwanzig Tage lang, nein, einen ganzen Monat lang, bis es euch zum Hals heraushängt und euch davon übel wird. Das ist die Strafe dafür, daß ihr euch nach Ägypten zurückgesehnt und so den Herrn verachtet habt, der mitten unter euch gegenwärtig ist. (Num 11,18 ff)

Mose aber sagte zum Herrn: „Dieses Volk hat allein 600 000 wehrfähige Männer, und da sagst du, du willst dem gesamten Volk einen Monat lang Fleisch zu essen geben? Wo will man so viele Schafe, Ziegen und Rinder finden, um sie zu sättigen? Selbst wenn man alle Fische im Meer fangen würde, wäre es noch nicht genug!" Der Herr antwortete: „Meinst du, es gibt eine Grenze für meine Macht? Du wirst jetzt gleich sehen, ob meine Zusage eintrifft oder nicht." (Num 11,21 ff)

Die ganze Gemeinde der Israeliten schrie laut auf vor Entsetzen, und das Volk weinte die ganze Nacht. Alle miteinander lehnten sich gegen Mose und Aaron auf und riefen: „Wären wir doch lieber in Ägypten gestorben oder unterwegs in der Wüste! Warum will der Herr uns in dieses Land bringen? Wir werden im Kampf umkommen, und unsere Frauen und kleinen Kinder werden den Feinden in die Hände fallen." (Num 14,1 ff)

Unterwegs verlor das Volk die Geduld, und sie beklagten sich bei Gott und bei Mose: „Warum habt ihr uns aus Ägypten weggeführt, damit wir in der Wüste sterben? Hier gibt es weder Brot noch Wasser, und dieses elende Manna hängt uns zum Hals heraus!" Da schickte der Herr zur Strafe giftige Schlangen unter das Volk. Viele Israeliten wurden gebissen und starben. (Num 21,4 ff)

Weil ihr dem Herrn nichts zugetraut habt, habt ihr ihm nicht gehorcht. Seit ich euch kenne, lehnt ihr euch gegen ihn auf. (Dtn 9,23 f)

Den Gott, der euch das Leben gab,
ihn, euren mächtigen Beschützer,
habt ihr verraten und vergessen! (Dtn 32,18)

Der Fluch des Ungehorsams

Ich werde einen Engel vor euch hersenden, der euch unterwegs beschützt und euch sicher in das Land bringt, das ich für euch bestimmt habe. Haltet euch genau an seine Weisungen. Wenn ihr euch gegen ihn auflehnt, wird er euch das nicht vergeben, denn in seiner Person bin ich selbst mitten unter euch. (Ex 23,20 f)

Wenn ihr mir aber nicht gehorcht und meine Weisungen nicht befolgt, wenn ihr meine Gebote mißachtet und euch um meine Rechtsordnungen nicht kümmert und damit den Bund, den ich mit euch geschlossen habe, brecht, dann werde ich lauter Unglück über euch hereinbrechen lassen. Ich werde euch unheilbare Krankheiten schicken, die euch erblinden und langsam dahinsiechen lassen. Vergeblich werdet ihr aussäen, denn eure Feinde werden die Ernte einbringen. Ich selbst werde zu eurem Feind und lasse eure Feinde über euch siegen; ihr werdet fliehen, obwohl euch niemand verfolgt. (Lev 26,14-17)

Wenn ihr mir dann immer noch nicht gehorcht, werde ich euch siebenmal so hart bestrafen. Ich breche euren Starrsinn und lasse es nicht mehr regnen; der Himmel über euch wird wie eine eiserne Glocke sein und der Boden unter euren Füßen hart wie Stein. Alle eure Mühe ist dann vergeblich. Auf euren Feldern wächst nichts mehr, und die Bäume tragen keine Früchte. (Lev 26,18 ff)

Wenn Ihr euch mir auch dann noch widersetzt und mir nicht gehorchen wollt, werde ich eure Strafe nochmals siebenfach steigern. Ich werde Raubtiere auf euch loslassen, die werden eure Kinder und euer Vieh fressen und so viele von euch umbringen, daß die Straßen verlassen daliegen. (Lev 26,21 f)

Wenn ihr dann immer noch nicht auf mich hören wollt und euch weiterhin gegen mich stellt, dann stelle auch ich mich gegen euch und bestrafe euch noch siebenmal härter. Weil ihr meinen Bund gebrochen habt, lasse ich feindliche Heere in euer Land einfallen. Wenn ihr dann hinter euren Mauern Zuflucht sucht, wird die Pest unter euch ausbrechen. Die Feinde werden einen so dichten Ring um eure Städte legen, daß ihr von jeder Zufuhr abgeschnitten seid. (Lev 26,23-26)

Wenn ihr mir auch dann noch nicht gehorcht und euch weiterhin gegen mich stellt, bekommt ihr meinen ganzen Zorn zu spüren und werdet noch siebenmal härter bestraft. Vor Hunger werdet ihr das Fleisch eurer eigenen Kinder essen. Ich werde die Altäre zerschlagen, auf denen ihr euren Götzen Opfer darbringt, und werde eure Leichen auf die Trümmer eurer Götzenbilder werfen. Ich werde mich voll Abscheu von euch abwenden. (Lev 26,27-30)

Eure Opfer werde ich nicht mehr annehmen, eure Städte lege ich in Schutt und Asche und zerstöre eure Heiligtümer. Ich selbst werde euer Land so verwüsten, daß eure Feinde sich darüber entsetzen, wenn sie es in Besitz nehmen. (Lev 26,31 f)

Ich werde euch in alle Welt zerstreuen; mit dem Schwert werde ich euch forttreiben. Eure Felder werden zur Wüste und eure Städte zu Trümmerhaufen. Dann wird euer Land endlich die Ruhe finden, die ihr ihm nicht gegönnt habt. Während es verwüstet daliegt und ihr weit bei euren Feinden leben müßt, wird es feiern und die versäumten Sabbatjahre nachholen können. (Lev 26,33 ff)

Die aber von euch, die das alles überleben und in die Länder eurer Feinde verschleppt werden, mache ich so verzagt, daß sie schon vor einem raschelnden Blatt davonlaufen, als sei ein feindliches Heer hinter ihnen her. Sie werden stolpern und hinfallen, einer wird über den anderen stürzen, obwohl sie niemand verfolgt. Ihr werdet vor keinem Feind mehr standhalten können und in der Fremde zugrunde gehen; das Land eurer Feinde wird euch verschlingen. (Lev 26,36 ff)

Die Überlebenden und ihre Nachkommen werden in den Ländern ihrer Feinde an den Folgen ihrer Schuld und der Schuld ihrer Vorfahren dahinsiechen. Aber dann werden sie ihre Schuld und die Schuld ihrer Vorfahren bekennen, sie werden es bereuen, daß sie mir die Treue gebrochen und sich mir widersetzt haben. (Lev 26,39 f)

Ich mußte sie dafür bestrafen und sie in das Land ihrer Feinde bringen. Aber wenn ihr trotziges Herz sich beugt und sie genug für ihre Schuld gebüßt haben, will ich mich an meinen Bund mit Jakob, Isaak und Abraham erinnern und an das Land denken, das ich ihnen für ihre Nachkommen versprochen hatte. (Lev 26,41 f)

Sie müssen ihre Schuld bezahlen, weil sie meine Rechtsordnungen mißachtet und sich nicht um meine Gebote gekümmert haben. Aber daß sie im Land ihrer Feinde leben müssen, bedeutet nicht, daß ich mich ganz von ihnen abgewandt habe und sie dem Untergang preisgebe. (Lev 26,43 f)

Mose erwiderte: „Warum wollt ihr gegen den ausdrücklichen Befehl des Herrn handeln? Das kann nicht gutgehen. Ich sage euch: Zieht nicht hinauf; denn der Herr wird nicht mit euch gehen! – Die Feinde werden euch in die Flucht schlagen. Die Amalekiter und Kanaaniter sind gerüstet und warten auf euch; ihr werdet alle umkommen. Ihr habt euch vom Herrn abgewandt; denkt nur nicht, daß er euch jetzt beistehen wird!" (Num 14,41 ff)

Wer jedoch mit Wissen und Willen gegen eine Weisung des Herrn handelt, beleidigt den Herrn und hat sein Leben verwirkt. (Num 15,30)

Der Herr sagte zu Mose: „Steig auf das Abarim-Gebirge und blicke über das Land, das ich den Israeliten geben will. Danach mußt du sterben, so wie dein Bruder Aaron gestorben ist. Ihr dürft das Land nicht betreten, weil ihr mir damals in der Wüste Zin nicht gehorcht habt. Als die ganze Gemeinde gegen mich Anklage erhob, wolltet ihr mir keine Gelegenheit geben, mich vor den Israeliten durch das Wasserwunder als der heilige und mächtige Gott zu erweisen." (Num 27,12 ff)

Doch weil ihr ihm nicht gehorcht habt, wurde der Herr zornig auf mich und schwor, ich würde nicht über den Jordan in das schöne Land kommen, das er euch als bleibenden Besitz geben wird. Darum muß ich auf dieser Seite des Jordans sterben; ihr aber werdet das Land in Besitz nehmen. (Dtn 4,21 f)

Der Herr ließ euch durch mich warnen. „Fallt nicht in das Land ein", sagte er, „versucht nicht, es zu erobern! Ich werde nicht mit euch gehen, und ihr werdet von euren Feinden geschlagen." Ich sagte euch das, aber ihr hörtet nicht darauf. Ihr widersetztet euch dem Herrn und zogt in eurem Übermut ins Bergland hinauf. Aber die Amoriter, die dort wohnten, stellten sich euch entgegen, besiegten euch und verfolgten euch wie ein Bienenschwarm vom Bergland Seir bis nach Horma. (Dtn 1,42–44)

Wenn ihr schon viele Generationen lang in eurem Land lebt, könntet ihr versucht sein, euch gegen den Herrn zu vergehen und irgendwelche Gottesbilder zu machen. Damit fordert ihr den Zorn des Herrn heraus. Ich rufe Himmel und Erde als Zeugen an: Wenn ihr so etwas tut, werdet ihr euch nicht in dem Land halten können, das ihr jetzt in Besitz nehmt! Es wird dann sehr schnell um euch geschehen sein. Der Herr wird euch unter die Völker zerstreuen; nur ein kleines Häuflein von euch wird dort überleben. (Dtn 4,25 ff)

Aber jeden, der sich ihm widersetzt, bestraft er auf der Stelle und vernichtet ihn. Darum haltet euch stets an seinen Befehl, an die Gebote und Rechtsbestimmungen, die ich euch heute verkünde! (Dtn 7,10 f)

Wenn ihr dem Herrn, eurem Gott, nicht gehorcht, werdet ihr genauso untergehen wie die Völker, die er vor euch vertreibt und untergehen läßt. (Dtn 8,20)

Ihr habt erlebt, wie er auf dem Weg durch die Wüste für euch gesorgt und euch wohlbehalten bis hierher gebracht hat; aber ihr habt auch gesehen, wie er Datan und Abiram, die sich gegen ihn auflehnten, bestraft hat, wie die Erde sich spaltete und sie mit ihren Zelten und allen Angehörigen lebendig verschlang. (Dtn 11,5 f)

Wer nicht befolgt, was ein Prophet an meiner Stelle sagt, den ziehe ich dafür zur Rechenschaft. (Dtn 18,19)

Wenn aber ein Prophet in meinem Namen etwas sagt, was ich ihm nicht aufgetragen habe, oder im Namen anderer Götter spricht, muß er sterben. (Dtn 18,20)

Wenn ihr aber nicht auf den Herrn, euren Gott, hört und seine Gebote und Weisungen, die ich euch heute verkünde, nicht befolgt, wird nicht sein Segen, sondern sein Fluch über euch kommen. Mißgeschick wird euch verfolgen in der Stadt und auf dem Feld, Korb und Backtrog werden leer bleiben, eure Kinder werden dahinsterben und die Äcker Mißernten bringen, eure Rinder, Schafe und Ziegen werden sich nicht vermehren. (Dtn 28,15–18)

Unglück wird euch begleiten, wenn ihr auszieht und wenn ihr wieder heimkehrt. Der Herr wird einen Fluch auf euer Tun legen; er wird euch so verwirren, daß euch nichts mehr glücken wird. Weil ihr den Herrn mit euren bösen Taten beleidigt und euch von ihm abgewandt habt, wird es in kürzester Zeit mit euch zu Ende sein. (Dtn 28,19 f)

Er wird euch und den König, den ihr über euch gesetzt habt, in die Verbannung führen, zu einem fernen Volk, das weder ihr noch eure Vorfahren bis dahin gekannt habt, und dort werdet ihr fremde Götter verehren müssen, Bilder aus Holz und Stein.

Unter den Völkern, zu denen der Herr euch verstoßen wird, werdet ihr zum abschreckenden Beispiel, und sie werden ihren Spott mit euch treiben. (Dtn 28,36 f)

Ihr werdet reichlich Samen aufs Feld streuen, aber nur wenig Korn ernten, weil die Heuschrecken alles abfressen. Ihr werdet Weinberge anlegen und pflegen, aber keinen Wein keltern, weil die Raupen alles abfressen. Im ganzen Land werden Ölbäume wachsen, aber ihr werdet kein Öl haben, um euch damit zu salben, weil die Oliven unreif abfallen. (Dtn 28,38 ff)

Ihr werdet Kinder zeugen, aber sie werden euch nicht gehören, sondern als Gefangene weggeführt werden. Alle eure Bäume und alle Pflanzen auf den Feldern werden von Schädlingen befallen werden. (Dtn 28,41 f)

Die Fremden, die bei euch leben, werden ihren Besitz vergrößern und immer mehr Einfluß gewinnen, während es mit euch immer weiter bergab geht. Ihr könnt ihnen nichts mehr leihen, sondern werdet von ihnen borgen müssen, und schließlich werden sie die Herren sein und ihr die Sklaven. (Dtn 28,43 f)

All dieses Unheil wird über euch kommen und euch verfolgen, bis ihr völlig vernichtet seid, wenn ihr nicht auf den Herrn, euren Gott, hört und seine Gebote und Weisungen befolgt. Für alle Zeiten wird man daran erkennen, daß euch und eure Nachkommen der Fluch des Herrn getroffen hat. (Dtn 28,45 f)

Aber wenn ihr euch vom Herrn abwendet und ihm nicht mehr gehorcht, sondern euch dazu verleiten laßt, andere Götter anzubeten und ihnen zu dienen, werdet ihr untergehen. Ihr werdet dann nicht lange in dem Land leben, in das ihr kommt, wenn ihr nun den Jordan überschreitet. Das laßt euch gesagt sein! (Dtn 30,17 f)

Als Mose und Josua in die Nähe des Zeltes kamen, erschien der Herr in der Wolkensäule über dem Eingang des Zeltes. Er sagte zu Mose: „Du wirst nun bald sterben, und nach deinem Tod wird dieses Volk mir untreu werden und sich von mir abwenden. Sie werden den Bund, den ich mit ihnen geschlossen habe, brechen und sich mit den Göttern des Landes einlassen, in das sie kommen. Deshalb werde ich zornig auf sie sein, ich werde mich von ihnen abkehren und ihnen nicht mehr helfen. Dann wird es ihnen schlecht gehen, und sie werden von vielen schweren Schicksalsschlägen heimgesucht." (Dtn 31,14–17)

Sie werden begreifen, daß dies alles sie trifft, weil ihr Gott nicht mehr in ihrer Mitte ist. Ich aber werde mich völlig von ihnen abkehren, zur Strafe dafür, daß sie mir ungehorsam waren und sich anderen Göttern zugewandt haben. (Dtn 31,17 f)

Gott straft

Da sagte Gott, der Herr, zu der Schlange: „Du sollst verflucht sein! Auf dem Bauch wirst du kriechen und Erde fressen, du allein von allen Tieren." (Gen 3,14)

Zum Mann sagte er: „Weil du auf deine Frau gehört und mein Verbot übertreten hast, soll der Acker verflucht sein. Dornen und Disteln werden darauf wachsen. Dein Leben lang wirst du hart arbeiten müssen, damit du dich von seinem Ertrag ernähren kannst. Viel Mühe und Schweiß wird es dich kosten." (Gen 3,17 ff)

Hörst du nicht, wie das Blut deines Bruders von der Erde zu mir schreit und Vergeltung fordert? Du stehst von nun an unter einem Fluch. Wenn du den Acker bebauen willst, wird er dir den Ertrag verweigern. Du hast ihn mit dem Blut deines Bruders getränkt, deshalb muß du das fruchtbare Land verlassen und als heimatloser Flüchtling umherirren. (Gott zu Kain – Gen 4,10 ff)

Wohin Gott auch sah, überall herrschte Unrecht und Gewalt. Keiner kümmerte sich um den Willen Gottes. Da sagte Gott zu Noach: „Mit den Menschen mache ich ein Ende. Ich sehe nicht länger zu. Ich will sie alle vernichten; denn die Erde ist voll von dem Unrecht, das sie getan haben." (Gen 6,11 ff)

Ich werde eine Flut über die Erde hereinbrechen lassen, in der alles Leben umkommen soll. Weder Mensch noch Tier wird mit dem Leben davonkommen. Mit dir aber schließe ich meinen Bund und verspreche dir: Du sollst gerettet werden. (Gen 6,17 f)

Erst die vierte Generation wird hierher zurückkehren; denn die Schuld der Amoriter, die jetzt dieses Land bewohnen, muß ihr volles Maß erreicht haben, bevor ich sie bestrafen kann. (Gen 15,16)

Als die Sonne aufging, war Lot bis nach Zoar gekommen. Da ließ der Herr auf Sodom und Gomorra Schwefel und Feuer vom Himmel herabfallen. Sämtliche Städte in der Jordangegend wurden zerstört, ihre Bewohner getötet und das Land verwüstet, so daß nichts mehr darauf wuchs. Lots Frau aber schaute zurück; da erstarrte sie zu einer Salzsäule. (Gen 19,23–26)

Juda verheiratete seinen ältesten Sohn Er mit einer Frau namens Tamar. Aber was dieser tat, mißfiel dem Herrn, und er ließ ihn sterben. (Gen 38,6 f)

In dieser Nacht werde ich durch Ägypten gehen und jeden Erstgeborenen töten, bei Mensch und Vieh. An allen Göttern Ägyptens werde ich mein Gericht vollstrecken, ich, der Herr. (Ex 12,12)

Weiter sagte der Herr zu Mose: „Ich habe erkannt, daß dies ein widerspenstiges Volk ist. Deshalb will ich meinen Zorn über sie ausschütten und sie vernichten. Versuche nicht, mich davon abzubringen! Mit dir will ich neu beginnen und deine Nachkommen zu einem großen Volk machen.“ (Ex 32,9 f)

Wenn die Zeit gekommen ist, werde ich dieses Volk für seine Verfehlungen bestrafen. (Ex 32,34)

Ich selbst werde nicht mit euch ziehen. Ihr seid ein widerspenstiges Volk, und ich müßte euch deshalb bestimmt unterwegs vernichten. (Ex 33,3)

Der Herr sagte zu Mose: „Führe den Mann aus dem Lager! Alle, die gehört haben, wie er mich gelästert hat, legen ihre Hände auf seinen Kopf; dann wird er von der ganzen Gemeinde gesteinigt. Den Israeliten aber sollst du sagen: Wer seinem Gott flucht, muß die Folgen tragen. Jeder, der den Herrn lästert, hat sein Leben verwirkt und muß von der ganzen Gemeinde gesteinigt werden. Das gilt nicht nur für euch selbst, sondern auch für jeden Fremden, der bei euch lebt." (Lev 24,13–16)

Wie lange will mich dieses Volk noch verhöhnen? Wie lange weigern sie sich noch, mir zu vertrauen? Habe ich ihnen nicht genug Beweise meiner Macht und Fürsorge gegeben? Ich will sie an der Pest sterben lassen, ich will das ganze Volk ausrotten. (Num 14,11 f)

Ich vergebe ihnen, weil du mich darum bittest. Aber so gewiß ich lebe und meine Herrlichkeit die ganze Erde erfüllen wird: Diese Männer werden nicht in das Land kommen, das ich ihren Vorfahren versprochen habe. Sie haben meine Herrlichkeit gesehen und die Wunder, die ich in Ägypten und in der Wüste getan habe, und trotzdem haben sie mich nun zehnmal auf die Probe gestellt und sich gegen mich aufgelehnt. Keiner von denen, die mich mißachtet haben, wird das Land betreten. (Num 14,20–23)

Der Herr sagte zu Mose und Aaron: „Wie lange soll ich es noch hinnehmen, daß dieses eigensinnige Volk sich gegen mich auflehnt? Ich habe wohl gehört, was sie gegen mich vorbringen. Richte ihnen meine Antwort aus! Sage zu ihnen: ‚Ich, der Herr, schwöre euch: Was ihr da verlangt habt, lasse ich in Erfüllung gehen – so gewiß ich lebe! In dieser Wüste sollt ihr sterben, alle wehrfähigen Männer von 20 Jahren an aufwärts. Das ist die Strafe dafür, daß ihr euch gegen mich aufgelehnt habt.'" (Num 14,26–29)

Keiner von euch soll in das Land kommen, das ich euch mit einem Eid zugesichert habe, mit Ausnahme von Kaleb und Josua. Eure kleinen Kinder dagegen, von denen ihr gesagt habt: Sie werden den Feinden in die Hände fallen – die werde ich in das Land hineinbringen, das ihr verschmäht habt; genau sie werden es in Besitz nehmen. Ihr aber werdet in dieser Wüste sterben. (Num 14,30 ff)

Doch auch eure Söhne werden wegen eurer Untreue zu leiden haben: Noch vierzig Jahre lang müssen sie mit ihrem Vieh in der Wüste umherziehen, bis von eurer Generation keiner mehr am Leben ist. Vierzig Tage lang habt ihr das Land erkundet; so sollt ihr nun vierzig Jahre lang, für jeden Tag ein Jahr, eure Schuld abbüßen. Dann merkt ihr, was für Folgen es hat, wenn ich mich von jemand abwende. (Num 14,33 f)

Ich werde mein Wort nicht zurücknehmen. Keiner von euch soll aus dieser Wüste herauskommen; alle werden in ihr den Tod finden. Dieses ganze böse Volk, das sich gegen mich zusammengerottet hat, soll seiner Strafe nicht entgehen. (Num 14,35)

Die Männer aber, die Mose ausgesandt hatte, um das Land zu erkunden, bestrafte der Herr auf der Stelle, so daß sie tot umfielen. Sie hatten nach ihrer Rückkehr falsche Nachrichten über das Land ausgestreut und so die ganze Gemeinde gegen Mose aufgewiegelt. (Num 14,36 f)

Da erschien die Herrlichkeit des Herrn vor aller Augen, und der Herr sagte zu Mose und Aaron: „Entfernt euch von dieser Versammlung! Ich will sie alle auf einen Schlag vernichten." (Num 16,19 ff)

Mose sagte zu den Israeliten: „An dem, was jetzt geschieht, werdet ihr erkennen, ob der Herr mich gesandt hat oder ob ich eigenmächtig handle. Wenn diese Männer hier eines natürlichen Todes sterben, dann hat der Herr mich nicht gesandt. Wenn aber der Herr etwas Unerhörtes tut, wenn die Erde sich öffnet und sie samt ihrem Besitz verschlingt, so daß sie lebendig in die Totenwelt hinunter müssen, dann wißt ihr, daß sie sich gegen den Herrn aufgelehnt haben." (Num 16,28 ff)

Mose hatte kaum zu Ende gesprochen, da spaltete sich die Erde unter Datan und Abiram und verschlang sie mit Hab und Gut und allen Angehörigen, und ebenso alle Anhänger Korachs mit ihrem Besitz. So stürzten sie alle lebendig in die Totenwelt hinunter, und die Erde schloß sich über ihnen. Ohne eine Spur zu hinterlassen, waren sie mitten aus der Gemeinde heraus verschwunden. (Num 16,31 ff)

Als die Israeliten ihr Lager in Schittim hatten, begannen die Männer, sich mit moabitischen Frauen einzulassen. Die Moabiterinnen luden die Israeliten auch zu den Opferfesten ein, die sie zu Ehren ihres Gottes feierten. Die Männer Israels aßen von dem Opferfleisch und verehrten den Gott der Moabiter, den Baal vom Berg Pegar. Da wurde der Herr zornig und befahl Mose: „Nimm alle Anführer des Volkes fest und laß sie in der prallen Sonne hinrichten, damit ich in meinem glühenden Zorn nicht das ganze Volk vernichten muß!" (Num 24,1–4)

Damals wurde der Herr zornig und schwor: „Weil sie meiner Führung nicht vertraut haben, wird keiner der Männer, die aus Ägypten gezogen und jetzt 20 Jahre oder älter sind, das Land sehen, das ich Abraham, Isaak und Jakob mit einem Eid versprochen habe." (Num 32,10)

Als der Herr hörte, was ihr da sagtet, wurde er zornig und schwor: „Keiner von diesen Männern, keiner aus dieser ganzen widerspenstigen Generation wird das gute Land zu sehen bekommen, das ich euren Vorfahren zugesagt habe." (Dtn 1,34 f)

Euretwegen wurde der Herr auch auf mich zornig und sagte zu mir: „Auch du wirst das Land nicht betreten!" (Dtn 1,37)

Weil ihr euch dem Herrn widersetzt hattet, war der Herr zornig auf mich und erfüllte meine Bitte nicht. Er sagte zu mir: Kein Wort mehr davon! Steig auf den Gipfel des Berges Pisga und schau nach allen Seiten, da kannst du das Land aus der Ferne sehen. Aber den Jordan wirst du nicht überschreiten. (Dtn 3,26 f)

Ich weiß jetzt, was für ein widerspenstiges Volk sie sind. Versuche nicht, mich umzustimmen. Ich will sie so gründlich vernichten, daß nicht einmal ihr Name in Erinnerung bleibt. (Dtn 9,13 f)

Der Herr wird euch unter ein eisernes Joch zwingen, bis ihr alle umgekommen seid. Er wird aus weiter Ferne ein Volk gegen euch heranführen, dessen Sprache ihr nicht versteht. Wie der Adler herabstößt, kommen sie über euch und kennen kein Erbarmen. (Dtn 28,48 ff)

Er wird euch aus dem Land, das ihr jetzt in Besitz nehmt, ausreißen und euch unter alle Völker zerstreuen von einem Ende der Erde bis zum andern. (Dtn 28,63 f)

Dort werdet ihr Götter verehren müssen, die euch und euren Vorfahren bis dahin fremd waren, Bilder aus Stein und Holz. Aber selbst dort werdet ihr keine Bleibe finden, sondern ruhelos umherirren. (Dtn 28,64 f)

Ihr werdet ständig um euer Leben zittern müssen und euch Tag und Nacht keinen Augenblick sicher fühlen. (Dtn 28,66)

Alle Völker werden dann sagen: „Warum hat der Herr dieses Land so hart bestraft? Was ist der Grund für seinen schrecklichen Zorn?" Und man wird ihnen antworten: „Das kommt davon, daß seine Bewohner dem Bund untreu geworden sind, den der Herr, der Gott ihrer Vorfahren, mit ihnen schloß, als er sie aus Ägypten herausführte." (Dtn 29,23 f)

Das sah der Herr; er wurde zornig,
weil seine Kinder ihn verschmähten.
Und er beschloß: „Ich ziehe mich zurück
und überlasse sie sich selbst;
man wird schon sehen, wohin das führt!" (Dtn 32,19 f)

Sie sind voll Widerspruch und Starrsinn
und kennen weder Dankbarkeit noch Treue.
Sie kränken mich mit einem Un-Gott,
erbittern mich durch hohle, leere Götzen;
ich kränke sie mit einem Un-Volk
und strafe sie durch aufgeblasene Menschen. (Dtn 32,20 f)

Mein Zorn ist gegen sie entbrannt,
ich schicke ihnen Feuer auf die Erde,
damit es alles, was dort wächst, versengt;

bis in die Totenwelt soll es sich fressen
und auch den Grund der Berge unterhöhlen. (Dtn 32,22)

Ich überschütte sie mit schweren Plagen,
verschieße auf sie alle meine Pfeile.
Dann werden sie vor Hunger sterben,
durch Fieberglut und Pest zugrunde gehen.
Ich lasse wilde Tiere auf sie los,
das Gift der Schlangen soll sie niederstrecken!
Das Schwert soll wüten auf den Straßen,
im Hause drinnen soll der Schreck sie töten;
den jungen Mann, das junge Mädchen,
den kleinsten Säugling und den Greis! (Dtn 32,23 ff)

Dies alles bleibt mir im Gedächtnis,
ich werde nichts davon vergessen.
Ich werde bald an ihnen Rache nehmen
und sie für alle Bosheit hart bestrafen.
Noch kurze Zeit, dann kommt ihr Untergang,
ihr Ende ist nicht aufzuhalten. (Dtn 32,34 f)

Ich hebe meine Hand zum Schwur
und sage: „So gewiß ich ewig lebe:
Sie alle, die mich hassen und befeinden,
bekommen meinen Zorn zu spüren!“ (Dtn 32,40 f)

Umkehr zu Gott

Als Mose den Israeliten die Entscheidung des Herrn verkündete, begann das Volk zu weinen und zu klagen. Am anderen Morgen aber rüsteten sich die Männer Israels, um ins Bergland hinaufzuziehen. Sie sagten zu Mose: „Wir sind jetzt bereit! Wir wollen dem Herrn gehorchen und in das Land ziehen. Wir haben gestern unrecht getan.“ (Num 14,39 f)

Die Leute kamen zu Mose und sagten: „Es war nicht recht, daß wir uns gegen den Herrn und gegen dich aufgelehnt haben. Leg doch beim Herrn ein Wort für uns ein, damit er uns von diesen Schlangen befreit!“ (Num 21,7)

Wenn all diese Not über euch kommt, werdet ihr schließlich zum Herrn, eurem Gott, umkehren und auf seine Stimme hören. (Dtn 4,30)

Wenn ihr und eure Nachkommen nun trotzdem die Gebote des Herrn mißachtet und zur Strafe vom Herrn, eurem Gott, unter fremde Völker zerstreut werdet, kommt ihr vielleicht dort zur Besinnung, kehrt zum Herrn, eurem Gott, zurück, werdet ihm gehorsam und befolgt mit ganzem Herzen und mit allen Kräften seine Gebote, die ich euch heute verkündet habe. (Dtn 30,1 f)

Er selbst wird eure Herzen beschneiden und die Herzen eurer Nachkommen, so daß ihr den Herrn, euren Gott, mit ganzem Herzen und mit allen Kräften lieben könnt. Dann werdet ihr euer Leben bewahren. (Dtn 30,6)

Ihr aber werdet euch dem Herrn wieder zuwenden, ihm gehorchen und alle seine Gebote befolgen, die ich euch heute verkündet habe. Dann wird der Herr, euer Gott, euer Tun segnen und euch alles im Überfluß schenken. (Dtn 30,8 f)

Der Herr wird wieder Freude an euch haben und euch Gutes tun, so wie es bei euren Vorfahren gewesen ist. Ihr müßt euch nur dem Herrn, eurem Gott, wieder mit ganzem Herzen und mit allen Kräften zuwenden, auf ihn hören und nach seinen Geboten und Weisungen leben, die in diesem Gesetzbuch aufgeschrieben sind. (Dtn 30,9 f)

Himmel und Erde sind meine Zeugen: Ich habe euch heute Segen und Fluch, Leben und Tod vor Augen gestellt. Wählt das Leben, damit ihr am Leben bleibt, ihr und eure Nachkommen! (Dtn 30,19)

Das Böse entfernen

Wenn du Gutes im Sinn hast, kannst du den Kopf frei erheben; aber wenn du Böses planst, lauert die Sünde vor der Tür deines Herzens und will dich verschlingen. Du mußt Herr über sie sein! (Gen 4,7)

Wohin Gott auch sah, überall herrschte Unrecht und Gewalt. Keiner kümmerte sich um den Willen Gottes. Da sagte Gott zu Noach: „Mit den Menschen mache ich ein Ende. Ich sehe nicht länger zu. Ich will sie alle vernichten; denn die Erde ist voll von dem Unrecht, das sie getan haben." (Gen 6,11 ff)

Gott antwortete Abimelech: „Ich weiß, daß du in gutem Glauben gehandelt hast. Deshalb habe ich dich auch davor bewahrt, sie zu berühren und dadurch vor mir schuldig zu werden. Gib sie jetzt zurück! Ihr Mann ist ein Prophet; er wird für dich beten, dann bleibst du am Leben. Wenn du sie aber behältst, mußt du sterben, und mit dir alle deine Leute." (Gen 20,6 f)

Wer euch zur Untreue gegen Gott verleiten und von dem Weg abbringen will, den er euch vorgeschrieben hat, muß getötet werden. Ihr sollt das Böse aus eurer Mitte entfernen. (Dtn 13,6)

Ihr müßt das Böse aus eurer Mitte entfernen. (Dtn 19,19)

Ihr müßt das Böse aus Israel entfernen. (Dtn 22,22)

Das Unreine meiden

Da befahl Jakob seiner Familie und allen Knechten und Mägden: „Schafft alles fort, was mit fremden Göttern zu tun hat! Reinigt euch und zieht frische Kleider an." (Gen 35,2)

Sie sollen alles meiden, was unrein macht, und sollen ihre Kleider waschen. (Ex 19,10)

Laßt das Land, in dem ihr lebt, nicht unrein werden; denn ich, der Herr, lebe mitten unter euch. (Num 35,34)

Ihr sollt das Land nicht verunreinigen, das der Herr, euer Gott, euch geben wird. (Dtn 21,23)

Euer Lager muß rein sein, denn der Herr, euer Gott, ist mitten unter euch, um euch zu schützen und euch den Sieg über eure Feinde zu geben. Wenn er etwas Anstößiges bei euch entdeckt, wird er euer Lager verlassen. (Dtn 23,15)

Dem Herrn begegnen

Geh zum Volk und sorge dafür, daß sie sich heute und morgen auf die Begegnung mit mir vorbereiten. (Ex 19,10)

Mose stieg wieder hinab zum Volk. Er befahl den Israeliten, sich auf die Begegnung mit dem Herrn vorzubereiten und ihre Kleider zu waschen. Er sagte ihnen: „Macht euch für übermorgen bereit. Kein Mann darf in der Zwischenzeit mit einer Frau Verkehr haben." (Ex 19,14 f)

Am Morgen des dritten Tages begann es zu donnern und zu blitzen, eine dichte Wolke bedeckte den Berg, und man hörte ein durchdringendes Hornsignal. Das Volk im Lager zitterte vor Angst. Da führte Mose die Israeliten aus dem Lager hinaus, Gott entgegen. Am Fuß des Berges stellten sie sich auf. Der ganze Berg Sinai war in Rauch gehüllt, weil der Herr im Feuer auf ihn herabgekommen war. Der Rauch stieg auf wie der Rauch eines Schmelzofens, und der ganze Berg bebte. Der Schall des Horns wurde immer lauter. Mose rief, und Gott antwortete ihm mit einer Stimme, die wie Donnergrollen klang. (Ex 19,16-19)

Danach stiegen Mose, Aaron, Nadab, Abihu und siebzig von den Ältesten Israels den Berg hinauf. Sie sahen den Gott Israels. Der Boden zu seinen Füßen war wie mit Lapislazuli ausgelegt, leuchtend blau wie der Himmel. (Ex 24,9 f)

Dann stieg Mose hinauf auf den Berg. Die Wolke verhüllte den Gipfel, und die Herrlichkeit des Herrn kam auf den Sinai herab.

Für die Israeliten sah sie aus wie ein loderndes Feuer auf dem Berggipfel. (Ex 24,15 ff)

Von da an schlug Mose jedesmal, wenn die Israeliten Rast machten, außerhalb des Lagers ein Zelt auf. Er nannte es das Zelt der Begegnung mit Gott. Wer von den Israeliten eine Weisung oder Entscheidung des Herrn suchte, mußte dorthin gehen. (Ex 33,7)

Ihr dürft nie ohne eine Gabe zu meinem Heiligtum kommen. (Ex 34,20)

Dreimal im Jahr müssen alle Männer Israels zum Heiligtum des Herrn, ihres Gottes, kommen. Ihr braucht keine Angst zu haben, daß in dieser Zeit jemand in euer Land einfällt; denn ich werde alle fremden Völker vor euch vertreiben. (Ex 34,23 f)

Zum Volk aber sollst du sagen: „Macht euch bereit! Morgen müßt ihr dem Herrn begegnen." (Num 11,18)

Dort, in der Gegenwart eures Gottes, sollt ihr eure Opferfeste feiern und fröhlich sein mit euren Söhnen und Töchtern, euren Sklaven und Sklavinnen. (Dtn 12,12)

In diesem Heiligtum komme ich euch nahe, indem ich mit dir rede. Dort soll es zur Begegnung zwischen mir und den Israeliten kommen. Das heilige Zelt wird durch die Gegenwart meiner Herrlichkeit zu einer heiligen Stätte werden, und genauso wird der Altar durch meine Gegenwart heilig. (Ex 29,42 ff)

Das Heiligtum des Herrn

Die ersten Früchte eurer Felder müßt ihr in das Heiligtum des Herrn, eures Gottes, bringen. (Ex 34,26)

Alle Israeliten, die etwas zum Heiligtum des Herrn beitragen wollten, Männer wie Frauen, brachten freiwillig ihre Spenden herbei. (Ex 35,29)

Mose tat, was der Herr ihm aufgetragen hatte. Am 1. Tag des 1. Monats, genau ein Jahr nachdem die Israeliten Ägypten verlassen hatten, wurde die Wohnung des Herrn aufgestellt. (Ex 40,16 f)

Als Mose das ganze Werk vollendet hatte, ließ sich die Wolke auf das heilige Zelt, die Wohnung des Herrn, nieder. Die Herrlichkeit des Herrn erfüllte das ganze Zelt. (Ex 40,33 f)

Haltet den Sabbat in Ehren und entweiht nicht mein Heiligtum. Ich bin der Herr! (Lev 19,30 und 26,2)

Ihr dürft es auch nicht den Völkern des Landes nachmachen und den Herrn, euren Gott, an solchen Stätten verehren. Ihr sollt vielmehr zu der einen und einzigen Stätte kommen, die er im Gebiet eurer Stämme zu seinem Heiligtum bestimmen wird. Dort will er für euch zu finden sein. (Dtn 12,4 f)

Dort sollt ihr vor dem Heiligtum des Herrn, eures Gottes, das Opfermahl halten. Feiert es zusammen mit euren Familien. (Dtn 12,7)

Bringt Gott ein Opfer

Du wirst das Volk aus Ägypten herausführen, und ihr werdet mir an diesem Berg Opfer darbringen und mich anbeten. (Ex 3,12 f)

Sage zum Pharao: „Der Herr, der Gott der Hebräer, hat mich zu dir geschickt mit der Aufforderung: Laß mein Volk in die Wüste ziehen, damit es mir dort Opfer darbringen kann.“ (Ex 7,16)

Geh zum Pharao und sage zu ihm: „Der Herr fordert dich auf: Laß mein Volk gehen, damit es mir Opfer darbringen kann.“ (Ex 7,26; 9,1)

Geh morgen früh zum Pharao. . . und sage zu ihm: „Laß mein Volk gehen, damit es mir ein Opferfest feiern kann." (Ex 8,16)

Um mir zu dienen, braucht ihr nur einen Altar aus aufgeschütteter Erde. Bringt mir darauf eure Brand- und Mahlopfer dar, eure Schafe, Ziegen und Rinder. Tut das an jedem Ort, den ich zum Heiligtum für mich bestimmen werde. Überall dort werde ich euch nahe sein und werde euch Glück und Segen schenken. (Ex 20,23 f)

Preist unsern Gott

„Der höchste Gott sei gepriesen, denn er hat dir den Sieg über deine Feinde gegeben!" (Melchisedek zu Abram - Gen 14,20)

Mit meinem Lied will ich den Herrn besingen, der seine große Macht erwiesen und Roß und Mann ins Meer geworden hat! Mit meinem Lied will ich ihn preisen, ihn, meinen Herrn, der mir zu Hilfe kam! Mein Gott ist er, ich rühme seine Macht; ich preise ihn, den schon mein Vater ehrte. (Ex 15,1 f)

Herr, deine Hand erringt den Sieg,
sie ist voll ungeheurer Macht,
und sie zerschmettert jeden Feind.
In großer Hoheit zeigst du dich,
und wer sich gegen dich erhebt,
den wirfst du nieder in den Staub. (Ex 15,6 f)

Herr, du bist König, jetzt und allezeit! (Ex 15,18)

Die Prophetin Mirjam, die Schwester Aarons, nahm ihr Tamburin, und alle Frauen schlossen sich ihr an. Sie schlugen ihre Tamburine und tanzten im Reigen. Mirjam sang ihnen vor, und sie antworteten im Chor:
„Singt, singt dem Herrn,
der seine große Macht erwiesen
und Roß und Mann ins Meer geworfen hat!" (Ex 15,20 f)

„Gepriesen sei der Herr, der euch aus der Gewalt des Pharaos und der Ägypter gerettet und das Volk von der Unterdrückung befreit hat! Jetzt weiß ich: der Herr ist größer als alle anderen Götter; denn er hat sich als stärker erwiesen als die Ägypter in ihrer Vermessenheit." (Jitro - Ex 18,10 f)

Preist unsern großen und erhabenen Gott!
Ich rufe ihn bei seinem Namen,
ihn, unsern Fels und starken Schutz!
In allem, was er plant und ausführt,
ist er vollkommen und gerecht. (Dtn 32,3 f)

Der Herr gibt Gad ein weites Land,
und dafür sei ihm Preis und Dank gebracht! (Dtn 33,20)

Betet zu Gott

Die Lage der Israeliten hatte sich nicht gebessert. Sie stöhnten unter der Sklavenarbeit und schrien um Hilfe. (Ex 2,23)

Ich habe den Hilfeschrei der Israeliten gehört. (Ex 3,9)

Als die Israeliten sahen, wie der Pharao mit seinem Heer heranrückte, packte sie die Angst, und sie schrien zum Herrn um Hilfe. (Ex 14,10)

Dann segnete Jakob die Söhne Josefs und sagte: „Ich bete zu dem Gott, nach dessen Willen meine Vorfahren Abraham und Isaak sich stets gerichtet haben. Ich bete zu dem Gott, der mich wie ein Hirt mein Leben lang geführt und beschützt hat. Ich bete zu dem Gott, der in aller Not zur Stelle war und mich gerettet hat. Er segne nun diese Kinder, damit mein Namen und der meiner Vorfahren Abraham und Isaak in ihnen und ihren Nachkommen fortlebt. Er lasse ihre Nachkommen zahlreich werden, damit sie das Land füllen." (Gen 48,14 ff)

Mose sagte zum Herrn: „Du befiehlst mir: ‚Führe das Volk in sein Land!', aber du hast mir nicht gesagt, ob du mitkommen

wirst. Dabei hast du mir doch versichert, daß ich in deiner Gunst stehe und du mich als deinen Vertrauten betrachtest. Wenn das stimmt, dann bestätige es mir jetzt und sag mir, was du vorhast. Und vergiß nicht, daß diese Leute dein Volk sind."
Der Herr erwiderte: „Ich soll mitgehen, damit du beruhigt bist?"
Mose sagte: „Ja, wenn du nicht mitkommst, wäre es besser, du ließest uns hierbleiben. Woran sollen wir denn erkennen, daß wir in deiner Gunst stehen, ich und dein Volk? Doch nur daran, daß du mit uns ziehst und uns dadurch vor allen anderen Bewohnern der Erde auszeichnest, nicht nur mich, sondern auch dein ganzes Volk!"
Der Herr antwortete: „Ich werde auch diese Bitte erfüllen, weil du in meiner Gunst stehst und mein Vertrauter bist." (Ex 33,12–17)

„Ach Herr, laß doch deine Macht an uns sichtbar werden! Du hast uns zugesagt: ‚Ich bin der Herr, ich habe Geduld, meine Güte ist grenzenlos. Ich vergebe Schuld, Verfehlung und Auflehnung; aber ich lasse nicht alles ungestraft hingehen. Wenn sich jemand gegen mich wendet, dann bestrafe ich auch seine Kinder, sogar noch seine Enkel und Urenkel.' Weil nun deine Güte so groß ist, darum vergib diesem Volk seine Schuld. Du hast ihm ja auch bisher vergeben während der ganzen Zeit, seit du es aus Ägypten geführt hast!" (Num 14,17 ff)

Ich lag also damals vierzig Tage und Nächte im Gebet vor dem Herrn, weil er gedroht hatte, euch zu vernichten. Ich betete: „Ach Herr, mein Gott, vernichte doch nicht dein Volk, dein Eigentum, das du, der große und mächtige Gott, aus dem Sklavendienst in Ägypten freigekauft und von dort herausgeführt hast! Denk an Abraham, Isaak und Jakob, die dir treu gedient haben, und sieh nicht auf die Schuld dieses widerspenstigen Volkes! Du kannst doch nicht zulassen, daß man in Ägypten sagt: ‚Ihr Gott war nicht imstande, sie in das Land zu bringen, das er ihnen zugesagt hatte! Oder er hat sie gehaßt und hat sie nur von hier weggeführt, damit sie in der Wüste umkommen.' Sie sind doch dein Eigentum, dein Volk, das du in deiner großen Macht mit erhobenem Arm in die Freiheit geführt hast!" (Dtn 9,25–29)

Solange Mose die Hand mit dem Stock emporhob, war Israel überlegen. Ließ er sie aber sinken, so waren die Amalekiter überlegen. Als Mose die Hände immer schwerer wurden, brachten Aaron und Hur einen Stein herbei, auf dem Mose sitzen konnte. Sie selbst standen rechts und links von ihm und stützten seine Hände, bis die Sonne unterging. So konnte Josua das Heer der Amalekiter völlig venichten. (Ex 17,11 ff)

Herr, du Gott, von dem alles Leben kommt, setze einen Nachfolger für mich ein, der das Volk führen kann. Sonst wird deine Gemeinde wie eine Herde sein, die keinen Hirten hat. (Num 27,15 ff)

Ich habe alle deine Anweisungen, Herr, mein Gott, genau befolgt. Sieh herab von deiner himmlischen Wohnung! Segne dein Volk Israel und segne dieses Land, das du schon unseren Vorfahren zugesagt und uns nun gegeben hast, ein Land, in dem Milch und Honig fließen. (Dtn 26,14 f)

Der Herr hört unser Rufen

„Der Herr hat deinen Hilferuf gehört." (Engel zu Hagar – Gen 16,11)

Auch deine Bitte für Ismael will ich erfüllen: Ich werde ihn segnen und ihm zahlreiche Nachkommen schenken. (Gen 17,20)

Nun betete Abraham für Abimelech. Da nahm Gott die Strafe zurück, die er über Abimelechs Haus verhängt hatte. (Gen 20,17)

Rebekka aber bekam keine Kinder. Deshalb betete Isaak zum Herrn, und der Herr erhörte seine Bitte. Rebekka empfing Zwillinge. (Gen 25,21 f)

Da endlich dachte Gott an Rahel: Er erhörte ihr Gebet und ließ sie ein Kind empfangen. Sie brachte einen Sohn zur Welt und sagte: „Gott hat meine Schande von mir genommen.

Möge er mir noch einen Sohn dazugeben!" Und sie nannte ihn Josef. (Gen 30,22 ff)

Mose und Aaron verließen den Pharao, und Mose betete zum Herrn, daß er der Froschplage ein Ende mache. Der Herr erhörte sein Gebet, und in allen Häusern, auf den Höfen und Feldern starben die Frösche. (Ex 8,8 f)

Mose betete für sie zum Herrn, und das Feuer erlosch. (Num 11,2)

„Die Ägypter behandelten uns schlecht. Da schrien wir zum Herrn um Hilfe. Er hörte uns und schickte einen Engel, der uns aus Ägypten herausführte." (Israeliten zum König der Edomiter – Num 20,15 f)

Da versprachen die Israeliten dem Herrn: „Wenn du dieses Volk in unsere Gewalt gibst, werden wir an ihren Städten den Bann vollstrecken." Der Herr erhörte ihre Bitte und ließ sie über den König von Arad siegen. (Num 21,2 f)

Dann warf ich mich vor dem Herrn nieder und lag vor ihm im Gebet noch einmal vierzig Tage und Nächte lang, ohne etwas zu essen und zu trinken. Ich fürchtete, der Herr würde in seinem Zorn euch alle vernichten. Denn ihr hattet ihn mit eurem Götzendienst schwer beleidigt. Wie schon früher hörte der Herr auf mein Gebet. (Dtn 9,18 f)

Ich blieb zum zweiten Mal vierzig Tage und Nächte auf dem Berg, und der Herr erhörte mein Gebet. Er versprach mir, euch nicht zu vernichten. (Dtn 10,10)

Ihr gehört dem Herrn

Wenn ihr mir nun treu bleibt und auf mich hört, sollt ihr das Volk sein, das mir von allen Völkern am nächsten steht. (Ex 19,5)

Ich bin der heilige Gott und habe euch als mein Volk ausgesondert. (Lev 21,8)

Als Mose das hörte, warf er sich zu Boden und betete. Dann sagte er zu Korach und seinen Anhängern: „Morgen wird der Herr zeigen, wer zu ihm gehört. Er wird nur den in seine Nähe kommen lassen, den er ausgewählt hat.“ (Num 16,4 f)

Euch aber hat er aus Ägypten, diesem glühenden Schmelzofen, herausgeholt, um euch zu seinem eigenen Volk zu machen, wie ihr das nun auch wirklich seid. (Dtn 4,20)

Ihr gehört ausschließlich dem Herrn. Er hat euch unter allen Völkern der Welt ausgewählt und zu seinem Eigentum gemacht. (Dtn 7,6)

Und das tat er nicht etwa, weil ihr größer seid als die anderen Völker – ihr seid vielmehr das kleinste unter ihnen! Nein, er tat es einzig deshalb, weil er euch liebte und das Versprechen halten wollte, das er euren Vorfahren gegeben hatte. (Dtn 7,7 f)

Euren Vorfahren aber wandte der Herr seine besondere Liebe zu, und er wählte euch, ihre Nachkommen, aus allen anderen Völkern aus und machte euch zu seinem Volk, wie ihr das heute seid. (Dtn 10,15)

Der Herr, euer Gott, hat euch als ein heiliges Volk für sich ausgesondert; er hat euch unter allen Völkern der Erde als sein Eigentum ausgewählt. (Dtn 14,2)

Der Herr ist euer Gott; ihm sollt ihr ganz und ungeteilt gehören. (Dtn 18,13)

Ihr habt vor dem Herrn die feierliche Erklärung abgegeben, daß ihr sein Angebot annehmen, daß ihr sein Volk sein und alle seine Gebote befolgen wollt. Ihr habt Ja dazu gesagt, daß ihr ein Volk sein sollt, das ausschließlich dem Herrn, seinem Gott, gehört, ein Volk, mit dem der Herr Ehre einlegen und das er hoch über alle anderen Völker erheben will, die er geschaffen hat. (Dtn 26,18 f)

Ihr sollt heilig sein

Der Herr befahl Mose: „Richte der Gemeinde der Israeliten aus, was ich von ihnen verlange: Ich, der Herr, euer Gott, bin heilig; darum sollt auch ihr heilig sein." (Lev 19,1 f)

Ihr sollt heilig sein und mir allein gehören, denn ich, der Herr, bin heilig. Ich habe euch aus den anderen Völkern ausgewählt, damit ihr mir gehört. (Lev 20,26)

Denn du bist ein Volk, das dem Herrn, deinem Gott, heilig ist. (Dtn 7,6)

Und du möchtest ein Volk werden, das ihm, dem Herrn, deinem Gott, heilig ist, wie er es zugesagt hat. (Dtn 26,19)

Der Herr läßt dich erstehen als das Volk, das ihm heilig ist. (Dtn 28,9)

Weil ihr mir als ein heiliges Volk gehört, sollt ihr kein Fleisch von einem Tier essen, das von einem Raubtier gerissen und auf freiem Feld tot aufgefunden worden ist. (Ex 22,30)

Denkt daran, daß ihr in Ägypten Sklaven gewesen seid, und handelt danach! (Dtn 24,22)

Nehmt nicht die Sitten der Leute an, die ich vor euch vertreibe. Weil sie all diese Schandtaten begangen haben, sind sie mir zum Abscheu geworden. (Lev 20,23)

Wendet euch nicht an Wahrsager und an Leute, die die Geister der Toten befragen. Wer das tut, macht sich unrein. Ich bin der Herr, euer Gott! (Lev 19,31)

Wenn du Gutes im Sinn hast, kannst du den Kopf frei erheben; aber wenn du Böses planst, lauert die Sünde vor der Tür deines Herzens und will dich verschlingen. Du mußt Herr über sie sein! (Gen 4,7)

Dieser Tag gehört mir

Am siebten Tag hatte Gott sein Schöpfungswerk vollendet und ruhte von seiner Arbeit aus. Deshalb segnete er den siebten Tag und erklärte: „Dieser Tag ist heilig, er gehört mir." (Gen 2,2 f)

Am ersten und am siebten Tag sollt ihr euch zum Gottesdienst versammeln. An diesen beiden Tagen muß jede Arbeit ruhen. Nur das Essen darf zubereitet werden. (Ex 12,16)

Als die Israeliten am sechsten Tag die gesammelte Menge abmaßen, ergab sich: Es war doppelt so viel wie an den anderen Tagen. Die führenden Männer der Gemeinde kamen zu Mose und berichteten es ihm. Er sagte zu ihnen: „Damit ist genau das eingetroffen, was der Herr angekündigt hat. Denn morgen ist Ruhetag, der Sabbat, der ganz dem Herrn geweiht ist. Backt und kocht von dem Gesammelten, soviel ihr heute essen wollt; den Rest bewahrt für morgen auf." (Ex 16,22 f)

Nach Moses Weisung legten die Israeliten beiseite, was überschüssig war, und siehe da: am anderen Morgen stank es nicht, und es fand sich keine Made darin. Mose sagte: „Eßt das heute! An diesem Tag ist Sabbat, der dem Herrn geweiht ist, da werdet ihr draußen nichts finden. Jeweils sechs Tage lang könnt ihr sammeln, aber am siebten Tag, dem Sabbat, ist nichts da." (Ex 16,24 ff)

Trotzdem gingen ein paar von ihnen am siebten Tag hinaus und wollten Manna sammeln: „Wie lange weigert ihr euch noch, meine Gebote und Anordnungen zu befolgen? Weil ich euch den Sabbat als Ruhetag gegeben habe, darum gebe ich euch am sechsten Tag Nahrung für zwei Tage. Am siebten Tag sollt ihr alle im Lager bleiben, keiner darf hinausgehen." So beging das ganze Volk den siebten Tag als Ruhetag. (Ex 16,27–30)

Vergiß nicht den Tag der Ruhe; er ist ein besonderer Tag, der dem Herrn gehört. Sechs Tage in der Woche hast du Zeit, um deine Arbeit zu tun. Der siebte Tag aber soll ein Ruhetag sein. An diesem Tag sollst du nicht arbeiten, auch nicht deine Kinder, deine Sklaven, dein Vieh oder der Fremde, der bei dir lebt. In sechs Tagen hat der Herr Himmel, Erde und Meer mit allem, was lebt, geschaffen. Am siebten Tag aber ruhte er. Deshalb hat er den siebten Tag der Woche gesegnet und zu seinem Tag erklärt. (Ex 20,8–11)

Beachtet stets das Gebot der Sabbatruhe! Ich habe den Ruhetag eingesetzt, damit ihr für alle Zeiten wißt, daß ich der Herr bin, der euch als sein heiliges Volk ausgesondert hat. Beachtet also den Sabbat! Er soll euch ein heiliger Tag sein. Sechs Tage in der Woche habt ihr Zeit, um eure Arbeit zu tun. Der siebte Tag aber soll ein Ruhetag sein, der mir geweiht ist. Wer an diesem Tag irgendeine Arbeit tut und ihn dadurch entweiht, hat sein Leben verwirkt und muß aus seinem Volk ausgestoßen werden. Dies soll für euch in alle Zukunft ein unverbrüchliches Gesetz sein. Für alle Zeiten ist der Sabbat ein Zeichen des Bundes zwischen mir und den Israeliten. Denn in sechs Tagen habe ich Himmel und Erde geschaffen, aber am siebten Tag habe ich geruht und mich von meiner Arbeit erholt. (Ex 31,12–17)

Haltet den Sabbat in Ehren und entweiht nicht mein Heiligtum. Ich bin der Herr! (Lev 19,30; 26,1)

Haltet regelmäßig den Sabbat. Sechs Tage wird gearbeitet, aber am siebten Tag laßt ihr alle Arbeit ruhen und versammelt euch zum Gottesdienst. Niemand darf an diesem Tage arbeiten. Der Sabbat gehört dem Herrn, ganz gleich, wo ihr wohnt. (Lev 23,3)

Beachte den Tag der Ruhe! Halte ihn frei von Arbeit, wie es dir der Herr, dein Gott, befohlen hat. (Dtn 5,12)

Sechs Tage in der Woche hast du Zeit, um deine Arbeit zu tun. Der siebte Tag aber soll ein Ruhetag sein, der dem Herrn, deinem Gott, gehört. An diesem Tag sollst du nicht arbeiten. (Dtn 5,13 f)

Erfülle deine Gelübde

Wenn du das Versprechen ablegst, dem Herrn, deinem Gott, irgend etwas zu schenken, dann gib es ihm auch. Schieb es nicht auf, dein Gelübde zu erfüllen! Du wirst sonst Schuld auf dich laden; denn der Herr nimmt dich beim Wort. (Dtn 23,22)

Der Herr verlangt nicht, daß du ihm etwas versprichst, aber wenn du es aus freien Stücken getan hast, mußt du es auch halten. (Dtn 23,23)

Wenn ein Mann gelobt, dem Herrn etwas zu geben, oder er schwört, auf bestimmte Dinge zu verzichten, muß er sein Wort halten und alles tun, was er versprochen hat. (Num 30,3)

Wenn ein Mann oder eine Frau das Gelübde ablegt, sich dem Herrn für eine bestimmte Zeit zu weihen, dann darf er weder Wein noch Bier trinken. Er darf überhaupt nichts trinken, was aus Weintrauben bereitet ist, und darf auch keine frischen oder getrockneten Trauben essen. Er soll nichts genießen, was vom Weinstock kommt. Solange sein Gelübde gilt, darf er sich Haare und Bart nicht schneiden. Zum Zeichen, daß er dem Herrn geweiht ist, muß er das Haar ungehindert wachsen lassen. (Num 6,1–5)

Selbst wenn sein Vater oder seine Mutter stirbt, sein Bruder oder seine Schwester, muß er sich von ihnen fernhalten, weil er sich seinem Gott geweiht hat. Für die ganze Zeit seines Gelübdes gehört er ausschließlich dem Herrn. (Num 6,7 f)

Dann legte Jakob sein Gelübde ab: „Wenn der Herr mir beisteht“, sagte er, „und mich bewahrt auf der Reise, die ich jetzt antrete, wenn er mir Nahrung und Kleidung gibt und mich wohlbehalten wieder nach Hause zurückbringt, dann soll er allein mein Gott sein. Hier an dieser Stelle, wo ich den Stein aufgestellt habe, soll dann ein Heiligtum für ihn errichtet werden. Von allem Besitz, den er mir schenken wird, werde ich ihm den zehnten Teil geben.“ (Gen 28,20 ff)

Der zehnte Teil gehört dem Herrn

Der zehnte Teil von jeder Ernte an Getreide und Früchten gehört als heilige Abgabe dem Herrn. (Lev 27,30)

Jedes Jahr müßt ihr den zehnten Teil eurer Ernte – Korn, Wein und Öl – für den Herrn beiseite legen. (Dtn 14,22)

Wenn einer seinen Zehnten abgeliefert hat, soll er feierlich vor dem Herrn, eurem Gott, erklären: „Ich habe alles, was dir, Herr, gehört, abgeliefert. Ich habe es den Leviten, den Fremden, den Waisen und Witwen gegeben, wie du mir befohlen hast. Ich habe alle deine Vorschriften genau befolgt." (Dtn 26,12 f)

Wenn der Herr euch nun in das Land der Kanaaniter bringt und es euch gibt, wie er das euren Vorfahren und euch selbst mit einem Eid versprochen hat, dann sollt ihr jede Erstgeburt dem Herrn als Eigentum übergeben. Jedes männliche Tier, das als erstes von einem Muttertier geboren wird, gehört dem Herrn und muß ihm als Opfer dargebracht werden. (Ex 13,11 f)

Von euren Ernteerträgen an Getreide und Wein dürft ihr mir meinen Anteil nicht vorenthalten. (Ex 22,28)

Von allem, was ihr erntet, sollt ihr die ersten Früchte zum Haus des Herrn, eures Gottes, bringen. (Ex 23,19)

Die ersten Früchte eurer Felder müßt ihr in das Heiligtum des Herrn, eures Gottes, bringen. (Ex 34,26)

Wenn ihr von dem Korn, das ihr in eurem Land erntet, Brot backt, müßt ihr etwas davon dem Herrn geben. Das erste Brot vom Korn der neuen Ernte gehört dem Herrn, genauso wie ihm ein erster Anteil am frisch gedroschenem Korn zusteht. Diese Vorschrift gilt für alle Zeiten. (Num 15,19 ff)

Sieben Wochen nach Beginn der Getreideernte sollt ihr zu Ehren des Herrn, eures Gottes, das Pfingstfest feiern. Dabei bringt ihr dem Herrn, eurem Gott, freiwillige Opfergaben, als Dank dafür, daß er eure Felder gesegnet hat, und nach dem

Maß, in dem euch dieser Segen in dem betreffenden Jahr zuteil geworden ist. (Dtn 16,9 f)

Unterstütze deine armen Brüder

Es wird in eurem Land immer Arme geben; deshalb befehle ich euch: Unterstützt eure armen und notleidenden Brüder! (Dtn 15,11)

Wenn aber ein Israelit Not leidet, irgendwo in dem Land, das der Herr euch geben wird, dann dürft ihr nicht hartherzig sein und eure Hand vor eurem Bruder verschließen. Leiht ihm gegen ein Pfand, soviel er braucht. (Dtn 15,7 f)

Wenn du einem Armen aus meinem Volk Geld leihst, verhalte dich ihm gegenüber nicht wie ein Wucherer. Verlange keine Zinsen von ihm. (Ex 22,24)

Falls du von einem anderen Israeliten den Umhang zum Pfand nimmst, so gib ihn vor Sonnenuntergang wieder zurück. Denn sein Umhang ist das einzige, womit er sich warmhalten kann. Worin soll er sonst schlafen? Wenn er sich bei mir über dich beklagt, werde ich ihn hören; denn ich bin barmherzig. (Ex 22,25 f)

Wenn ein armer Mann für dich arbeitet, darfst du ihn nicht ungerecht behandeln, gleichgültig, ob er ein Israelit ist oder ein Fremder, der bei euch wohnt. Gib ihm seinen Lohn, bevor die Sonne untergeht; denn er braucht ihn dringend. Sonst beklagt er sich beim Herrn über dich, und du wirst vor dem Herrn als schuldig dastehen. (Dtn 24,14 f)

Seid auch nicht so gemein und berechnend, daß ihr denkt: „Das siebte Jahr ist nicht mehr fern, dann muß ich ihm die Schulden erlassen!" Gönnt ihm das und laßt ihn nicht vergeblich bitten! Wenn er sich beim Herrn über euch beklagen muß, habt ihr schwere Schuld auf euch geladen. Helft ihm gern, tut es nicht unwillig! Dafür wird euch der Herr, euer Gott, auch alles gelingen lassen, was ihr unternehmt. (Dtn 15,9 f)

Wenn ihr erntet, sollt ihr euer Feld nicht bis an den Rand abernten und keine Nachlese halten. Auch eure Weinberge sollt ihr nicht ganz ablesen und die heruntergefallenen Trauben nicht aufheben. Laßt etwas übrig für die Armen und für die Fremden, die in eurem Land wohnen. Ich bin der Herr, euer Gott! (Lev 19,9 f)

Wenn ihr erntet, sollt ihr euer Feld nicht bis an den Rand abernten und keine Nachlese halten. Laßt etwas übrig für die Armen und die Fremden, die in eurem Land wohnen. Ich bin der Herr, euer Gott! (Lev 23,22)

Wenn ihr bei der Ernte eine Garbe auf dem Feld vergessen habt, dann geht nicht zurück, um sie zu holen. Sie soll den Fremden, den Waisen und Witwen gehören. Dafür wird der Herr euch segnen bei allem, was ihr tut. (Dtn 24,19)

Sechs Jahre kannst du dein Land bebauen und den Ertrag ernten, den es dir bringt. Aber im siebten Jahr laß es brachliegen und sich erholen. Was dann von selbst wächst, sollen die Armen essen, den Rest überlaß dem Wild. Ebenso sollst du es mit deinen Weingärten und Ölbäumen halten. (Ex 23,10 f)

Wenn jemand aus Israel sich als Sklave oder Sklavin an dich verkauft, soll er dir sechs Jahre dienen; im siebten Jahr mußt du ihn wieder freigeben. Laß ihn aber nicht mit leeren Händen weggehen, sondern gib ihm großzügig von dem, was der Herr dir geschenkt hat: Schafe und Ziegen, Korn und Wein. (Dtn 15,12 ff)

Liebe deine Mitmenschen

Liebe deinen Mitmenschen wie dich selbst. (Lev 19,18)

Nehmt meine Weisungen ernst und sorgt dafür, daß euer Bruder neben euch leben kann. (Lev 25,37)

Begegnet älteren Menschen mit Achtung und helft ihnen, wo

ihr könnt. Dadurch zeigt ihr, daß ihr mich ehrt. Ich bin der Herr, euer Gott! (Lev 19,32)

Sagt nichts Böses über einen Tauben, der es nicht hören und sich nicht wehren kann, und legt einem Blinden keinen Knüppel in den Weg. Nehmt meine Weisungen ernst: Ich bin der Herr, euer Gott! (Lev 19,14)

Räche dich nicht an deinem Mitmenschen und trage niemand etwas nach. (Lev 19,18)

Erpreßt und beraubt eure Mitmenschen nicht. (Lev 19,13)

„Ein jeder, der dich segnet, Israel, hat selber teil an diesem Segen. Wer dich verflucht, wird selbst vom Fluch getroffen!" (Bileam – Num 24,9)

Verweigert Fremden und Waisen nicht ihr Recht

Nutzt die Schutzlosigkeit der Witwen und Waisen nicht aus! Wenn ihr es dennoch tut und sie zu mir um Hilfe schreien, werde ich, der Herr, bestimmt darauf hören. Ich werde in furchtbaren Zorn geraten und euch durch das Schwert eurer Feinde töten. Eure Frauen werde ich zu Witwen machen und eure Kinder zu Waisen. (Ex 22,21 ff)

Gott verhilft den Waisen und Witwen zu ihrem Recht, er liebt auch die Fremden, die bei euch leben, und versorgt sie mit Nahrung und Kleidung. Darum sollt auch ihr die Fremden lieben. Ihr habt ja selbst in Ägypten als Fremde gelebt. (Dtn 10,18 f)

Verweigert Fremden und Waisen nicht ihr Recht und nehmt nicht den Umhang einer Witwe zum Pfand. Denkt daran, daß auch ihr in Ägypten Sklaven gewesen seid und der Herr, euer Gott, euch von dort freigekauft hat. Deshalb sollt ihr euch um die Schwachen kümmern. (Dtn 24,17 f)

Ihr dürft die Fremden, die bei euch wohnen, nicht ausbeuten oder unterdrücken. Vergeßt nicht, daß ihr selbst in Ägypten Fremde gewesen seid. (Ex 22,20)

Beutet die Fremden nicht aus, die bei euch leben. Ihr wißt doch, wie es einem Fremden zumute ist, weil ihr selbst in Ägypten als Fremde gelebt habt. (Ex 23,9)

Unterdrückt nicht die Fremden, die in eurem Land leben, sondern behandelt sie genau wie euresgleichen. Jeder von euch soll seinen fremden Mitbürger lieben wie sich selbst. Denkt daran, daß auch ihr in Ägypten gewesen seid. Ich bin der Herr, euer Gott! (Lev 19,33 f)

Rechtschaffenheit und Bescheidenheit

Nur an Noach hatte der Herr Freude. Noach war ein rechtschaffener Mann und lebte in enger Verbindung mit Gott. Unter seinen Zeitgenossen fiel er durch seine vorbildliche Lebensführung auf. (Gen 6,8 f)

Noach tat alles, was Gott ihm befohlen hatte. Dann sagte der Herr zu ihm: „Geh mit deiner Familie in das Schiff! Du bist der einzige unter den Menschen, der vor mir bestehen kann." (Gen 6,22–7,1)

Mirjam und Aaron machten Mose Vorwürfe wegen seiner kuschitischen Frau. Zu den Israeliten sagten sie: „Darf Mose behaupten, daß nur er den Willen des Herrn kennt? Hat der Herr nicht auch zu uns gesprochen?" Mose unternahm nichts dagegen; denn er war der bescheidenste Mensch, der je auf der Erde gelebt hat. (Num 12,1 ff)

Wenn du etwas gegen einen anderen hast, dann trage deinen Groll nicht mit dir herum. Rede offen mit ihm darüber, sonst machst du dich schuldig. (Lev 19,17)

Ihr sollt Gott nicht lästern und die Führer des Volkes nicht verfluchen. (Ex 22,27)

Dadurch sollt ihr lernen, in allen Dingen dem Herrn, eurem Gott, zu gehorchen. (Dtn 14,23)

Recht und Unrecht

Gerechtigkeit muß euer oberstes Ziel sein. Dann werdet ihr für immer in dem Land leben können, das der Herr, euer Gott, euch geben wird. (Dtn 16,20)

Setzt in euren Stammesgebieten in jeder Stadt, die der Herr euch geben wird, Richter und Aufsichtsbeamte ein. Sie sollen dafür sorgen, daß alle im Volk zu ihrem Recht kommen. (Dtn 16,18)

Beugt niemals das Recht. Bevorzugt weder den Armen und Schutzlosen noch den Reichen und Mächtigen. Wenn jemand einen Rechtsfall zu entscheiden hat, muß allein die Gerechtigkeit sein Maßstab sein. (Lev 19,15)

Ihr dürft das Recht nicht beugen. Ihr dürft im Gerichtsverfahren niemand begünstigen. Ihr dürft von den Prozessierenden keine Geschenke annehmen; denn das trübt das Urteilsvermögen auch der klügsten Leute und verführt die ehrenwertesten Männer dazu, Recht und Unrecht zu verwechseln. (Dtn 16,19)

Schließe dich nicht der Mehrheit an, wenn sie auf der Seite des Unrechts steht. Mußt du in einer Gerichtsverhandlung als Zeuge aussagen, so beuge dich nicht einer Mehrheit, die das Recht verdreht. Du darfst aber auch nicht den Armen und Schwachen widerrechtlich begünstigen. (Ex 23,2 f)

Bei einem Gerichtsverfahren darfst du niemand sein Recht vorenthalten, nur weil er arm ist. (Ex 23,6)

Verweigere deine Mitwirkung bei einem betrügerischen Prozeß. (Ex 23,7)

Verurteile keinen Unschuldigen zum Tod; ein solches Unrecht lasse ich nicht durchgehen. (Ex 23,7)

Wenn eine Anklage vor Gericht nur von einem einzigen Zeugen gestützt wird, darf der Angeklagte nicht schuldig gesprochen werden, gleichgültig, um was für ein Vergehen es sich handelt. Erst aufgrund von zwei oder drei Zeugenaussagen darf ein Schuldspruch gefällt werden. (Dtn 19,15)

Besitz und Eigentum

Beraube niemand seiner Freiheit und seines Eigentums! (Dtn 5,19)

Blicke nicht begehrlich auf das, was einem anderen gehört, sein Haus und seinen Grundbesitz, seine Sklaven, Rinder und Esel oder sonst irgend etwas, das ihm gehört! (Dtn 5,21)

Wenn ihr in dem Land lebt, das der Herr, euer Gott, euch geben wird, darf keiner die Grenzen des Grundbesitzes, die seit alters festgelegt sind, auf Kosten seines Nachbarn verrücken. (Dtn 19,14)

Vergreift euch nicht an fremdem Eigentum. (Lev 19,11)

Wenn jemand sich am Eigentum eines anderen vergangen hat und dadurch vor dem Herrn schuldig geworden ist, soll er seine Schuld bekennen und dem Geschädigten Wiedergutmachung leisten. (Num 5,5 ff)

Wenn dein Weg durch einen Weinberg führt, darfst du Trauben essen, soviel du willst, um deinen Hunger zu stillen. Aber du darfst nichts in ein Gefäß sammeln. Wenn du an einem Kornfeld vorbeikommst, darfst du mit der Hand Ähren abreißen. Aber du darfst sie nicht mit der Sichel abschneiden. (Dtn 23,25 f)

Übervorteilt niemand und verwendet keine falschen Maße und Gewichte. Eure Waage muß stimmen, und die Gewichtssteine,

Längen- und Hohlmaße müssen genau der Norm entsprechen. (Lev 19,35)

Du darfst beim Messen und Wiegen nicht betrügen. In deinem Beutel dürfen nicht zweierlei Gewichtssteine sein und in deinem Haus nicht zweierlei Gefäße zum Messen. Deine Gewichtssteine müssen das volle Gewicht haben und deine Meßgefäße das volle Maß. Dann wirst du lange leben in dem Land, das der Herr, dein Gott, euch gibt. Der Herr verabscheut jeden, der seinen Mitmenschen betrügt. (Dtn 25,13–16)

Reden und Schwören

Sage nichts Unwahres über deinen Mitmenschen! (Ex 20,16)

Belügt und betrügt einander nicht. (Lev 19,11)

Bringe bei einem Gerichtsverfahren keine Gerüchte vor. Laß dich von einem, der Unrecht getan hat, nicht für eine falsche Zeugenaussage gewinnen. (Ex 23,1)

Verbreitet keine Verleumdungen über eure Mitmenschen. Sucht niemand dadurch aus dem Weg zu schaffen, daß ihr vor Gericht falsche Anschuldigungen gegen ihn vorbringt. Ich bin der Herr! (Lev 19,16)

Mißbraucht nicht meinen Namen, um etwas Unwahres zu beschwören; denn damit entweiht ihr ihn. Ich bin der Herr, euer Gott! (Lev 19,12)

Schwört nur bei seinem Namen! (Dtn 6,13)

Genießen und Feiern

Genießt voll Freude, was eure Arbeit euch durch Gottes Segen eingebracht hat. (Dtn 12,7)

Dort, in der Gegenwart eures Gottes, sollt ihr eure Opferfeste feiern und fröhlich sein mit euren Söhnen und Töchtern, euren Sklaven und Sklavinnen. (Dtn 12,12)

Genießt voll Freude beim Herrn, eurem Gott, was eure Arbeit euch eingebracht hat. Und vergeßt dabei nie, solange ihr in eurem Land lebt, für die Leviten zu sorgen. (Dtn 12,18 f)

Laßt auch die Leviten aus euren Dörfern und Städten mitfeiern, denn sie haben keinen Anteil an Grund und Boden in dem Land, das der Herr euch geben wird. (Dtn 14,27)

Feiert ein fröhliches Fest an dem Heiligtum, das der Herr für sich bestimmen wird, zusammen mit euren Kindern und Sklaven und mit den Leviten, den Fremden, den Waisen und Witwen, die bei euch leben. (Dtn 16,11)

Dann sollt ihr euren Korb vor den Altar des Herrn stellen und euch vor dem Herrn, eurem Gott, niederwerfen. Genießt voll Freude all das Gute, das er euch gegeben hat, und laßt auch die Leviten und die Fremden, die bei euch wohnen, an eurer Freude teilhaben. (Dtn 26,10 f)

Mann und Frau

Gott dachte: „Es ist nicht gut, wenn der Mensch allein ist. Ich will ihm einen Gefährten geben, der zu ihm paßt." (Gen 2,18)

Zum Mann sagte er: „Weil du auf deine Frau gehört und mein Verbot übertreten hast, soll der Acker verflucht sein. Dornen und Disteln werden darauf wachsen. Dein Leben lang wirst du hart arbeiten müssen, damit du dich von seinem Ertrag ernähren kannst. Viel Mühe und Schweiß wird es dich kosten." (Gen 3,17 ff)

Zur Frau aber sagte er: „Du wirst viele Beschwerden haben, wenn du schwanger bist, und unter Schmerzen wirst du deine Kinder zur Welt bringen. Es wird dich zu deinem Mann hinziehen, aber er wird dein Herr sein." (Gen 3,16)

Eltern und Kinder

Ehre Vater und Mutter! Dann wirst du lange in dem Land leben, das dir der Herr, dein Gott, gibt. (Ex 20,12)

Jeder von euch soll seinen Vater und seine Mutter ehren. (Lev 19,3)

Ehre Vater und Mutter! So hat der Herr, dein Gott, es dir befohlen; und wenn du das tust, wirst du lange leben und es wird dir gutgehen in dem Land, das dir der Herr, dein Gott, gibt. (Dtn 5,16)

Er wird euch viele Kinder schenken und reiche Ernten an Getreide, Wein und Öl; eure Rinder, Schafe und Ziegen wird er vermehren. (Dtn 7,13)

Siehe auch: Der Segen des Gehorsams

Arbeit und Zeit

Dein Leben lang wirst du hart arbeiten müssen, damit du dich von seinem Ertrag ernähren kannst. Viel Mühe und Schweiß wird es dich kosten. (Gen 3,18 f)

Sechs Tage lang kannst du deine Arbeit tun, aber am siebten Tag sollst du alles ruhen lassen. Auch dein Rind und dein Esel sollen sich ausruhen; deine Sklaven und die Fremden, die für dich arbeiten, sollen sich erholen können. (Ex 23,12)

Nur sechs Tage in der Woche sollt ihr arbeiten; am siebten Tag dürft ihr keine Arbeit tun. Das gilt auch für die Zeit des Pflügens und Erntens. (Ex 34,21)

Wenn jemand für euch arbeitet, dann zahlt ihm seinen Lohn noch am selben Tag. (Lev 19,13)

Jakob arbeitete sieben Jahre, um Rahel zu bekommen, und

weil er sie so sehr liebte, kamen ihm die Jahre wie Tage vor. (Gen 29,20)

Siehe auch: Dieser Tag gehört mir – Genießen und feiern

Krankheiten

Mose und Aaron sagten: „Er ist der Gott der Hebräer, und er ist uns erschienen. Deshalb wollen wir jetzt drei Tagereisen weit in die Wüste gehen und ihm dort Opfer darbringen. Sonst wird er uns mit Krankheit oder Krieg strafen." (Ex 5,3)

Achtet genau auf das, was ich, euer Gott, euch sage, und handelt danach! Befolgt alle meine Anordnungen und Gebote und tut, was ich für recht erklärt habe. Dann werde ich euch keine von den Krankheiten schicken, mit denen ich die Ägypter geplagt habe. Ich, der Herr, bin euer Arzt. (Ex 15,26)

Ehrt mich allein, den Herrn, euren Gott, dann werde ich dafür sorgen, daß es in eurem Land genug zu essen gibt und ihr reichlich Wasser habt. Ich werde auch alle Krankheiten von euch fernhalten. (Ex 23,25)

Der Herr wird euch vor allen Krankheiten schützen, er wird die bösen Seuchen von euch fernhalten, die ihr aus Ägypten kennt, und wird sie eure Feinde treffen lassen. (Dtn 7,15)

Achtet also stets darauf, daß ihr den Herrn, euren Gott, ehrt, der so große Wunder tut und seinen Feinden Furcht und Schrecken einjagt. Befolgt sorgfältig alle seine Gebote, die in diesem Buch aufgeschrieben sind. Sonst wird der Herr euch und eure Nachkommen mit schrecklichen Krankheiten bestrafen, gegen die es kein Heilmittel gibt. (Dtn 28,58 f)

Die Seuchen, die ihr in Ägypten kennen und fürchten gelernt habt, wird er bei euch ausbrechen lassen, und auch alle die Krankheiten und Plagen, die in diesem Buch nicht erwähnt sind, wird er euch schicken, bis ihr ganz vernichtet seid. Statt so zahlreich zu werden wie die Sterne am Himmel, wird nur noch ein winziges Häuflein von euch übrigbleiben, wenn ihr dem Herrn, eurem Gott, nicht gehorcht. (Dtn 28,60 ff)

Sprichwort

Einem Ochsen, der vor den Dreschschlitten gespannt wird, darfst du das Maul nicht zubinden. (Dtn 25,4)

Das Wort Gottes

Um euren Trotz zu brechen, ließ er euch hungern; aber dann gab er euch das Manna zu essen, von dem ihr und eure Vorfahren bis dahin nichts gewußt hattet. Damit wollte er euch zeigen, daß es nicht Brot sein muß, wovon der Mensch lebt, sondern daß ihr von allem leben könnt, was Gott euch durch sein Wort gibt. (Dtn 8,3)

Der Geist Gottes

Am Anfang schuf Gott Himmel und Erde, die ganze Welt. Auf der Erde war es noch wüst und unheimlich; es war finster, und Wasserfluten bedeckten alles. Über dem Wasser schwebte der Geist Gottes. (Gen 1,1 f)

Der Vorschlag überzeugte den Pharao und seine Berater. „Gott hat diesem Mann seinen Geist gegeben", sagte der Pharao zu ihnen. „Wir finden keinen, der es mit ihm aufnehmen kann." (Gen 41,37 f)

Dann sagte der Herr zu Mose: „Ich habe Bezalel, den Sohn Uris und Enkel Hurs vom Stamm Juda, dazu berufen, alle diese Arbeiten auszuführen. Ich habe ihn mit meinem Geist erfüllt, ihm Können und Umsicht gegeben und ihn zu jeder künstlerischen Tätigkeit befähigt." (Ex 31,1 ff)

Diesmal schaute Bileam nicht nach Vorzeichen aus. Als er in die Ebene hinunterblickte, sah er das Volk Israel nach Stämmen geordnet lagern und wußte sofort, daß der Herr dieses Volk liebte und es segnen wollte. Erfüllt vom Geist Gottes, sagte er:
„Ich höre, was der Herr verkündet.
Ich sehe, was der Mächtige mir zeigt." (Num 24,1–4)

Ein Beispiel zur Unterscheidung

„Herr, du Gott meines Herrn Abraham", betete der Knecht, „gib mir Glück zu meinem Vorhaben! Erfülle den Wunsch meines Herrn! Gleich werden die jungen Mädchen aus der Stadt an die Quelle kommen und Wasser schöpfen. Dann will ich eines von ihnen bitten: ‚Reich mir deinen Krug, damit ich trinken kann!' Wenn das Mädchen sagt: ‚Trinke nur; ich will auch deinen Kamelen zu trinken geben', dann weiß ich: Sie ist es, die du für deinen Diener Isaak bestimmt hast." (Gen 24,12 ff)

Kaum hatte er zu Ende gebetet, da kam aus der Stadt ein Mädchen mit einem Wasserkrug auf der Schulter. Es war Rebekka, die Tochter Betuels und Enkelin Milkas, der Frau von Abrahams Bruder Nahor. Sie war noch unverheiratet und sehr schön. Sie ging die Stufen zur Quelle hinab, füllte ihren Krug, hob ihn auf die Schulter und kam wieder herauf. Schnell trat der Knecht auf sie zu und bat sie: „Gib mir doch einen Schluck Wasser aus deinem Krug!" „Trink nur, Herr", sagte das Mädchen, ließ den Krug auf ihre Hand herunter und hielt ihn, damit er trinken konnte. Als er genug getrunken hatte, sagte sie: „Ich will noch mehr Wasser holen, damit auch deine Kamele trinken können." Sie leerte den Krug in die Tränkrinne, eilte wieder zur Quelle und schöpfte so lange, bis alle Kamele genug hatten. (Gen 24,15–20)

„Als ich nun heute an die Quelle kam, betete ich zum Gott meines Herrn Abraham: ‚Wenn du meine Reise gelingen lassen willst, dann füge es so, wie ich dich jetzt bitte! Zu dem ersten Mädchen, das an die Quelle kommt, will ich sagen: Gib mir doch einen Schluck aus deinem Krug! Wenn sie darauf sagt: Trinke nur! und auch meinen Kamelen zu trinken gibt, dann weiß ich: Sie ist es, die Gott für den Sohn meines Herrn bestimmt hat.' Kaum hatte ich diese Worte in meinem Herzen gesprochen, da kam Rebekka mit dem Krug auf der Schulter, stieg zur Quelle hinab und füllte ihn. Auf meine Bitte gab sie mir zu trinken und tränkte von sich aus auch meine Kamele." (Gen 24,42–46)

Engel

Darauf sagten die beiden Engel zu Lot: „Der Herr hat uns hergeschickt, um diese Stadt zu vernichten." (Gen 19,12)

Als die Morgenröte kam, drängten die Engel Lot zur Eile: „Schnell, nimm deine Frau und deine Töchter, sonst trifft die Strafe für diese Stadt auch euch!" Während Lot noch überlegte, ergriffen sie ihn und seine Angehörigen bei der Hand und führten sie aus der Stadt hinaus. (Gen 19,15 f)

Der Herr aber sagte: „Ich streiche nur den Namen dessen aus meinem Buch, der sich gegen mich vergangen hat. Geh jetzt und führe das Volk an den Ort, den ich dir gesagt habe. Mein Engel wird vor dir hergehen." (Ex 32,33 f)

Ich werde einen Engel mitsenden und werde die Kanaaniter, Amoriter, Hetiter, Perisiter, Hiwiter und Jebusiter aus dem Land vertreiben. (Ex 33,2)

Da öffnete der Herr ihm die Augen, und er sah den Engel mit dem Schwert mitten auf dem Weg stehen. (Num 22,31)

Propheten

Ihr habt gesagt: „Wir können die Stimme des Herrn, unseres Gottes, nicht länger hören und dieses große Feuer nicht mehr sehen, sonst müssen wir sterben!“ Damals sagte der Herr zu mir: „Sie haben recht! Ich will Propheten wie dich aus ihrer Mitte berufen und durch ihren Mund zu ihnen sprechen. Sie werden dem Volk sagen, was ich von ihm verlange.“ (Dtn 18,16 ff)

Wer nicht befolgt, was ein Prophet an meiner Stelle sagt, den ziehe ich dafür zur Rechenschaft. (Dtn 18,19)

Wenn aber ein Prophet in meinem Namen etwas sagt, was ich ihm nicht aufgetragen habe, oder im Namen anderer Götter spricht, muß er sterben. (Dtn 18,20)

Aber nun fragt ihr: „Wie können wir denn beurteilen, was der Herr gesagt hat und was nicht?“ Wenn ein Prophet im Namen des Herrn etwas sagt und seine Voraussage trifft nicht ein, dann hat der Herr nicht durch ihn geredet; er hat im eigenen Auftrag gesprochen. Einen solchen Propheten braucht ihr nicht ernst zu nehmen. (Dtn 18,21 f)

Priester

Die Priester sollen ein Leben führen, das mir, ihrem Gott, geweiht ist, und sollen meinen Namen heilig halten. (Lev 21,6)

Ein Priester ist seinem Gott geweiht. Ein Priester soll euch als ein Mann gelten, den ich für mich ausgesondert habe. (Lev 21,7 f)

Die Leviten sollen ihren Dienst im heiligen Zelt mit 25 Jahren aufnehmen und mit 50 Jahren beenden. Wer älter ist, kann den diensttuenden Leviten zur Hand gehen; aber er darf keine Arbeit in eigener Verantwortung ausführen. Nach dieser Regel sollst du die Leviten für ihren Dienst einteilen. (Num 8,23–26)

Ich werde herabkommen und mit dir sprechen und werde von dem Geist, den ich dir gegeben habe, einen Teil nehmen und ihnen geben. Dann können sie die Verantwortung für das Volk mit dir teilen und du brauchst die Last nicht allein zu tragen. (Num 11,17)

Er nahm einen Teil des Geistes, den er Mose gegeben hatte, und gab ihn den siebzig Ältesten. Als der Geist Gottes über sie kam, gerieten sie vorübergehend in ekstatische Begeisterung wie Propheten. (Num 11,25)

Ihr Leviten seid es, die sich zuviel herausnehmen! (Num 16,7)

Alle diese Gaben, die die Israeliten mir bringen, gebe ich dir und deinen Nachkommen; alle eure Familienangehörigen dürfen davon essen. Diese Vorrechte gelten für alle Zukunft. Sie sind in meinen Augen so unwiderruflich wie ein Vertrag, der durch gemeinsames Essen von Salz besiegelt worden ist. (Num 18,19)

Weiter sagte der Herr zu Aaron: „Wenn die Israeliten in ihr Land kommen, wird dir und deinem Stamm kein Anteil am Grundbesitz zugeteilt werden. Ich selbst bin euer Anteil, von mir bekommt ihr alles, was ihr braucht." (Num 18,20)

Als Entgelt für die Arbeit im heiligen Zelt bestimme ich für die Angehörigen des Stammes Levi den zehnten Teil jeder Ernte in Israel. Künftig sollen allein sie zum Heiligtum kommen und dort Dienst tun. Sie allein sollen die Verantwortung tragen. Dies ist ihre Aufgabe für alle Zukunft. (Num 18,21–24)

Anstelle von Grundbesitz gebe ich den Leviten den Ernteanteil, den die Israeliten mir abliefern. Deshalb bestimme ich, daß sie keinen Landbesitz in Israel haben sollen. (Num 18,24)

Die Leviten sollten die Lade mit dem Bundesgesetz des Herrn tragen, dem Herrn als Priester dienen und dem Volk den Segen des Herrn zusprechen, wie es bis heute geschieht. Deshalb bekamen die Leviten keinen Anteil am Landbesitz. Der Herr selbst ist ihr Anteil, er sorgt für ihren Unterhalt, wie er, euer Gott, ihnen das zugesagt hat. (Dtn 10,8 f)

Der Stamm Levi, dessen Männer zum Priesterdienst berufen sind, soll nicht wie die übrigen Stämme Israels einen Anteil am Landbesitz bekommen. Die Priester erhalten vielmehr Anteil an dem, was dem Herrn selbst zusteht: an den Opfern, die ihm von den Israeliten dargebracht werden. Das soll ihr Lebensunterhalt sein. Sie sollen keinen Anteil am Land besitzen, weil der Herr selbst ihr Anteil ist und für sie sorgt, wie er es ihnen zugesagt hat. (Dtn 18,1 f)

Die Männer Levis folgten dir aufs Wort und hielten treu zu deinem Bund. Sie werden Israel dein Recht verkünden, damit dein Volk stets dein Gesetz befolgt. (Dtn 33,9 f)

Wenn Aaron und seine Söhne der Gemeinde der Israeliten den Segen erteilen, sollen sie sprechen:
Der Herr möge euch reich beschenken und euch beschützen!
Freundlich blicke er euch an und wende euch seine Liebe zu!
Er sei euch nahe und schenke euch Glück und Frieden!
Mit diesen Worten sollen sie meinen Namen über den Israeliten ausrufen und sie daran erinnern, daß sie mir gehören. Dann werde ich mein Volk Israel segnen. (Num 6,22–27)

Die Wünsche des Mose

Mein Wunsch ist, daß er, der schon eure Vorfahren beschützt hat, euch auch weiterhin segnet und euch noch tausendmal so zahlreich werden läßt, genau wie er euch das zugesagt hat. (Dtn 1,11)

Vergeßt nicht, daß ihr damals am Berg Horeb, als der Herr aus dem Feuer zu euch redete, nur die Stimme gehört, aber keinerlei Gestalt gesehen habt. Darum macht euch kein Gottesbild. (Dtn 4,15 f)

Laßt euch nicht dazu verleiten, Sonne, Mond und Sterne als Götter zu verehren. (Dtn 4,19)

Seht euch vor, daß ihr nicht den Bund vergeßt, den der Herr, euer Gott, mit euch geschlossen hat! (Dtn 4,23)

Liebt den Herrn, euren Gott, und befolgt stets seine Weisungen, Anordnungen, Gebote und Rechtsbestimmungen! Denkt daran, wie der Herr euch durch seine mächtigen Taten eine Lehre erteilt und euch den rechten Weg gewiesen hat. (Dtn 11,1 f)

Darum befolgt sorgfältig alle seine Weisungen, die ich euch heute verkünde! Dann wird er euch die Kraft geben, das Land zu erobern, das ihr jetzt in Besitz nehmen wollt, und ihr werdet lange in dem Land leben, das der Herr euren Vorfahren und euch versprochen hat, diesem Land, in dem Milch und Honig fließen. (Dtn 11,8 f)

Achtet darauf, daß ihr tut, was der Herr, euer Gott, als gut und richtig festgesetzt hat. Dann wird es euch und euren Nachkommen immer gutgehen. (Dtn 12,28)

Befolgt das ganze Gesetz, das ich euch heute gebe, mit allen seinen Weisungen. Laßt nichts aus und fügt auch nichts hinzu! (Dtn 13,1)

Wenn ihr dem Herrn, eurem Gott, gehorcht und alle seine Gebote befolgt, die ich euch heute verkünde, wenn ihr stets tut, was ihm gefällt, dann wird er euer Volk wachsen und so zahlreich werden lassen, wie er es euren Vorfahren zugesagt hat. (Dtn 13,19)

Herr, schenke ihnen Glück und Wohlstand und blicke freundlich auf ihr Tun! Vernichte alle ihre Feinde, damit sich keiner gegen sie erhebt! (Dtn 33,11)

Der Tod des Mose

Am gleichen Tag sagte der Herr zu Mose: „Geh jetzt ins Abarimgebirge dort drüben und steig auf den Berg Nebo, der im Land Moab gegenüber von Jericho liegt. Sieh von dort aus in das Land Kanaan hinüber, das ich den Israeliten zum Besitz geben werde. Danach wirst du auf dem Berg sterben und im

Tod mit deinen Vorfahren vereint werden, so wie schon dein Bruder Aaron vor dir gestorben ist." (Dtn 32,48 ff)

Ihr beide dürft das Land nicht betreten, weil ihr mir an der Quelle von Meriba bei Kadesch in der Wüste Zin vor allen Israeliten ungehorsam wart und mir nicht die Gelegenheit geben wolltet, mich vor ihnen als der heilige und mächtige Gott zu erweisen. Du darfst das Land, das ich den Israeliten gebe, aus der Ferne sehen, aber du selbst wirst nicht hineinkommen. (Dtn 32,51)

Dann stieg Mose vom moabitischen Steppengebiet hinauf auf den Berg Nebo, auf den Gipfel des Pisga, der östlich von Jericho liegt. Dort oben zeigte ihm der Herr das Land, das zu seinen Füßen ausgebreitet war: die Landschaft Gilead und die daran anschließenden Gebiete bis hinauf zum Stammesgebiet von Dan, das ganze Gebiet des Stammes Naftali, das Gebiet der Stämme Efraim und Manasse und das ganze Gebiet des Stammes Juda bis zum Meer im Westen, ebenso das Südland und die Senke von der Palmenstadt bis nach Zoar. Er sagte zu ihm: „Dies ist das Land, das ich Abraham, Isaak und Jakob mit einem Eid versprochen und von dem ich zu ihnen gesagt habe: ‚Euren Nachkommen will ich es geben!' Du hast es jetzt mit eigenen Augen gesehen, aber du selbst darfst es nicht betreten." (Dtn 34,1–4)

So starb Mose, der Diener Gottes, im Land Moab, wie der Herr es bestimmt hatte. Gott begrub ihn dort im Tal gegenüber von Bet-Pegor. Bis heute weiß niemand, wo sein Grab ist. Mose war 120 Jahre alt, als er starb. Aber bis zuletzt war er rüstig geblieben, und seine Sehkraft hatte nicht nachgelassen. (Dtn 34,5 ff)

Nie mehr gab es in Israel einen Propheten wie Mose, mit dem der Herr Auge in Auge gesprochen hat. Kein anderer Prophet hat solche erstaunlichen Wunder getan wie er, als er die Ägypter, den Pharao, seine Minister und sein ganzes Land die Macht des Herrn spüren ließ. Kein anderer hat vor den Augen aller Israeliten solche mächtigen und schreckenerregenden Taten vollbracht wie er. (Dtn 34,10 ff)

Erzählt es euren Kindern

Seht zu, daß ihr nie vergeßt, was ihr mit eigenen Augen gesehen habt! Haltet die Erinnerung daran euer Leben lang lebendig, und erzählt es euren Kindern und Enkeln weiter. Denkt an den Tag, als ihr am Berg Horeb vor dem Herrn, eurem Gott, gestanden habt! (Dtn 4,9 f)

Vergeßt nie seine Gebote, die ich euch verkünde. Schärft sie euren Kindern ein und sagt sie euch heute immer wieder vor – zuhause und auf Reisen, wenn ihr euch schlafen legt und wenn ihr erwacht. (Dtn 6,6 f)

Wenn eure Kinder später fragen, wozu all die Weisungen, Gebote und Rechtsbestimmungen gut sind, die ihr vom Herrn, eurem Gott, bekommen habt, dann gebt ihnen zur Antwort: „Als Sklaven mußten wir dem König von Ägypten dienen, doch der Herr befreite uns mit seinem starken Arm." (Dtn 6,20 f)

Ruft dann das ganze Volk zusammen, Männer, Frauen, Kinder und auch die Fremden, die bei euch leben. Sie sollen dieses ganze Gesetz hören, damit sie lernen, den Herrn, euren Gott, ernst zu nehmen und alle seine Weisungen in diesem Gesetzbuch genau zu befolgen. (Dtn 31,12)

Auch eure Kinder, die dieses Gesetz noch nicht kennen, sollen es hören, damit sie lernen, den Herrn, euren Gott, ernst zu nehmen und ihm zu gehorchen. So soll es sein während der ganzen Zeit, die ihr in dem Land lebt, das ihr jetzt in Besitz nehmen werdet. (Dtn 31,13)

In der gleichen Reihe wie „Gott läßt sich finden“ liegt vor:

Georg Popp

Zur Freiheit berufen

Die Lebensweisheit des Paulus

Es ist faszinierend, wie klar, deutlich und einsichtig Paulus auch dem Menschen des 20. Jahrhunderts den Weg zu einem mit Freude, Kraft und Hoffnung erfüllten Leben zeigt.
Georg Popp hat die wichtigsten Aussagen des Völkerapostels nach Themenkreisen geordnet und dadurch Paulus vielen Menschen neu erschlossen, die heute auf der Suche nach dem Sinn ihres Lebens sind.
Dieses besonders preisgünstige Geschenkbändchen wird vielen Lesern neuen Mut und neuen Ansporn geben.

Als Taschenbuch ist erschienen:

Georg Popp

Von Jesus lernen

Wegweisende Worte aus dem Neuen Testament

Von vielen gewünscht, erscheint von Georg Popp im Herbst 1984 eine praktische, lebensnah geschriebene Einführung in die Bibel:

Das Kursbuch für mein Leben

Kraft und Hilfe aus der Bibel

Unter den Christen beider Konfessionen ist ein neues Interesse an der Bibel entstanden. Popp gibt in seiner bekannten, praxisnahen und lebendigen Art einen packenden Einblick in die Bibel.
Was ist die Bibel? Wie lese ich die Bibel? Wie verstehe ich die Bibel? Das sind die Hauptkapitel des Buches, denen sich ein eigenes Kapitel über „Lesen der Bibel in Gebets- und Bibelkreisen“ anschließt.
Eine Einführung in die 73 einzelnen Bücher der Bibel, mit genau angegebener Lesezeit, und viele praktische Hinweise runden das Buch ab.

Mit ganz einfachen Mitteln können auch Sie mehr Liebe, mehr Frieden und mehr Licht in unsere dunkle Welt bringen! Verschenken Sie diese Bücher: